노동, 환경,
서민금융을 통한
살림공동체

인천 가톨릭 사회운동의 현실과 전망

도시공동체 연구총서 2

노동, 환경, 서민금융을 통한 살림공동체

인천 가톨릭 사회운동의 현실과 전망

원재연·남승균·한상욱·권창식·강인규·이재열

보고사
BOGOSA

노동, 환경, 서민금융을 통한 살림공동체
: 인천 가톨릭 사회운동의 현실과 전망

1. 팬데믹(pandemic)의 도전과 위기, 공동체가 답이다

최근 인천의 한 일간신문에는 다음과 같은 시민의 투고가 실렸다.

> … 백신 접종이 시작되면 팬데믹이 금세 사그라들 것만 같은 희망을 품었다. 막상 백신 접종이 시작되고 나니 백신 부작용과 후유증이 두렵고 접종을 안 하자니, 감염과 사회적 낙인이 두렵다. 매일 증가하는 확진자 통계치를 보노라면 코로나 종식은 아직도 먼 얘기로 느껴진다. 팬데믹 때문에 외출을 못 하고 집에만 있는 사람의 뇌는 지하 벙커에 갇힌 사람의 뇌와 활성화 정도가 크게 다르지 않다고 한다. 기사를 읽고 고개가 끄덕여졌다. 사회적 접촉이 줄어들고 활동 반경도 좁아지니 이전보다 멍해지는 기분은 지울 수 없다. 팬데믹 2년 차, 집콕 생활이 길어지니 외출 시간이 줄어들면서 정적인 취미생활 시간이 늘었다. 책을 많이 읽게 되었고 블로그나 브런치에 글을 쓰기도 한다. 실제로 출판사에 개인 투고율이 늘었다고 한다. 팬데믹의 역설이라고도 생각한다(양윤지, 「팬데믹 속에서 비로소 보이는 것들」[3040칼럼], 『인천일보』, 2021.08.12.).

2019년 연말부터 시작된 전 세계적인 COVID-19의 유행으로 발생한 가장 큰 변화는 대면 공동체의 위축이라고 할 수 있다. 물론 한국인 특유의 긍정적 유전인자는 위기를 기회로 바꾸는 지혜를 발휘하여 각종 비대면 모임이 활성화되고, 각자 외출을 줄이는 대신에 내면 성찰의 시간이 늘어나면서 평소 못해 본 취미활동과 글쓰기의 확대 등 기대하지 않았던 성과를 내기도 했다. 그런데 이러한 팬데믹이 발생하게 된 원인에 대해 다수의 전문가가 지구환경의 오염을 그 이유로 꼽았다. 그러나 많은 국가에서 생태위기와 기후위기라는 근본 원인에 대한 성찰보다는 과거의 '노멀(normal, 일상)'로 되돌아가야 한다는 조급함이 앞선다. 최근 코로나로 인한 경제위기 극복을 위해 한국 정부와 정치권은 한국형 뉴딜을 이야기한다. 특히 2020년 5월 말 대통령이 '그린뉴딜(Green New Deal, 친환경 첨단과학기술 산업육성)' 정책을 추진하겠다는 의사를 밝혔다. 그린뉴딜이 무엇인지를 묻는 기자의 질문에 정부 관계자는 "토건산업을 뺀 녹색성장 정책의 업그레이드"라고 답했다. 이런 정책을 말하면서도 정부는 사회경제 구조를 근본적으로 전환하기 위한 큰그림을 그리지 못하고 있는데(황인철, 2020), 이는 기후위기와 사회 불평등, 다시 말해서 지구의 울부짖음과 가난한 이들의 눈물 등, 지난 수십 년간 쌓여온 우리 사회의 구조적 고질적 병폐에 대해서 제대로 된 분석을 못하고 있기 때문이다.

팬데믹 위기 상황을 제대로 극복하기 위한 큰그림을 그리기 위해서 우선적으로 필요한 성찰은 어디서부터 시작해야 할까? 그것은 우리의 정치, 경제, 사회, 문화 전반의 밑바탕을 이루는 공동체를 돌아보는 일부터 시작해야 한다. 사회가 혼란스럽고 가치관이 요동칠수록 종교는 많은 사람들의 이목을 끌게 마련이다. 전 세계에 걸쳐 가장 큰 세력을 형성하고 있는 종교의 하나인 가톨릭의 수장 교황 프란치스코는 예기치 않게 다가온 코로나 19 전염병의 유행으로 야기된 글로벌 보건 비상사태는 "아무도 홀로 구원받지 못한다."는 것과 우리가 모두 한 형제로서 동일한 인간으로서 공동체 안에서, 공동체를 통하여 위기를 극복해야 한다고 역설하였다. 교황은 현시대의 문제점을 전 세계적인 구조의 차원에서 진단한다. 현재 "인류는 민주주의, 자유, 정의와 같은 개념의 조작과 변형, 사회와 역사에 대한 감각의 상실, 공동선에 대한 무관심, 이기주의에 바탕을 둔 이익과 일회용 문화에 기반한 시장의 논리, 실업, 인종차별, 빈곤, 노예제, 인신매매, 강제낙태, 장기매매와 같은 권리의 불균형과 일탈에 **빠졌다**."고 지적했다. 그러면서 이것들을 합리적으로 해결할 공동체적 반성에 기반한 정확한 정책과, 형제애에 기초를 둔 각 개인의 양심적인 행동을 촉구했다. 특히 시장 만능과 보이지 않는 손의 기능만을 우직하게 믿으라고 강요하는 신자유주의 경제체제, 공포와 외로움으로 마피아 확산을 촉진하는 '벽의 문화' 등에 대해 경고하고 오늘날 상업적 대중 매체가 저지르는 '윤리의 악화'에 대해서도 지적한다. 그러면서 이러한 문제들의 해결책으로 착한 사마리아인의 빛나는 모범을 본받기를 권고했다.(장기풍, 2020) 착한 사마리아인의 비유는 형제적 연대와 보조성의 원리에 입각한 공동체성의 강화를 그 핵심으로 한다.

팬데믹은 신자유주의가 지배해오고 있는 지난 수십 년간 우리 지구촌 인류사회의 지배적 정치, 경제, 문화 체제하에서 왜곡되고 은폐된 온갖 문제점들을 적나라하게 드러내 보여주었다. 특히 생존의 위기에 몰린 계층들은 가난한 사람들이며, 이들은 온갖 구조적 억압에 짓눌려 있음을 다시 한번 확인시켜주고 있다. 따라서 당장 우리가 해야 할 일은 가난한 이들을 꽁꽁 묶고 있는 억압의 쇠줄을 풀어주고, 이들에게 횡포를 부리는 이기적 소수에게 그 갑질을 당장 중단하도록 단호한 조처를 취하는 것이다. 이는 조선후기 실학자들이 피폐된 민생을 회복하기 위해서 주장해온 억강부약(抑强扶弱)의 공동체 회복 사상과 그 맥이 닿아있다.

2. 한국 근현대사에 나타난 화합과 포용, 개혁의 공동체 사상 : 동학과 서학

밖으로 서세동점의 세계사적 조류에 편승하여 서구열강과 일본 제국주의 침략세력이 한반도로 몰려들고, 안으로는 봉건적 신분 사회의 정치, 경제, 사회적 제반 모순이 한꺼번에 폭발하고 있었던 한국 근대사의 과제는 반외세, 반봉건에 입각한 자주적 근대화를 추진하는 것이었다. 이러한 시대적 사명을 수행하기 위해, 최제우는 조선 민중들의 염원을 반영하여 제국주의에 대항하여 민족의 주권을 지키면서, 서구의 학문을 주체적, 선별적으로 수용하여 "평등주의 민족사상인 동학(東學)"을 경주에서 발족하였다. 동학은 호남에서 농민군 전투조직으로 발전되기 시작했고 곧이어 전국적인 변혁운동 조직으로 확장되었다. 이렇게 성립된 동학은 서학(西學), 곧 천주교 공동체(교우촌)의 평등주의 원칙에 자극을 받고, 양반과 상놈의 구분을 폐지하여 향촌에서 신분 간의 차별을 해소하고, 억압적인 조세와 지대 수탈을 대폭 경감하여 백성의 생계를 안정적으로 이끌어가고자 노력하였다. 또한 17세기 초반부터 한문서학서의 형태로 중국에서 조선으로 도입된 서학은 하의상달식(下意上達式) 지도자 선출, 공동생산, 공동분배, 그리고 평등한 수도자 구성원 간 공동소유와 나눔의 사상이 동학의 창발에 일정한 영향을 줄 정도로 조선의 지식인들에게는 공정하고 개혁적인 사상으로 다가왔다. 이러한 동학과 서학은 대한제국의 자주적 근대화를 위해 상호 경쟁하면서 서로에게 일정한 영향력을 미쳤으며, 일제강점기를 거치면서 민족의 주권을 회복하고 전근대적 향촌공동체를 현대적 도시공동체로 전환시켜 나가는데 각각 일정한 역할을 수행해왔다. 이어서 해방 이후에는 원주에서 한살림공동체를 설립하고 이를 운영해나가는 과정을 통해서 포용과 화해의 원칙에 입각하여 두 종교는 대승적인 견지에서 함께 협동하기도 했다(신진식, 2020).

인천학연구원에서는 2019년 9월부터 한국연구재단의 인문사회연구소지원사업에 선정되어 "인천의 내발적 공동체 기반 도시회복력 연구"라는 아젠다로 인문학과 도시행정학, 그리고 지역학과 경제학을 융합한 공동체 연구작업과 시민사회운동에 대한 국내외 학술대회를 개최해오고 있다. 2021년 5월에 개최된 제1회 국내학술대회는 "살림과 돌봄의 공동체, 사상과 실천"이라는 주제로 동학과 이를 계승한 천도교 이념에 입각한 공동육아운동과 생명, 생태운동에 대해 발표하고 이를 정리하여 "도시공동체 총서1" 『살림과 돌봄의 공동체, 사상과 실천』(보고사)을 6월에 간행했다. 이어 2021년 7월에 개최된 제2회 국내학술대회는 "노동, 환경 그리고 서민금융 운동을 통한 살림공동체"와 관련하여, 인천 지역의 가톨릭 사회운동의 분야별 실태를 점검하고 향후 지역공동체의 발전적 전망과 과제에 대해서 논의하는 시간을 가졌다. 본서는 이때 나온 주요 발표문들을 수정 보완하여 "도시공동체 총서2" 『노동, 환경, 서민금융을 통한 살림공동체 : 인천 가톨릭 사회운동의 현실과 전망』을 간행한 것이다.

3. 인천의 가톨릭 사회운동과 살림공동체

본서는 본 인천학연구원이 "도시총서 1권"을 통해서 한국의 한살림운동과 육아협동조합에 대해서 연구한 성과를 바탕으로 하면서, '인천'이라는 광의의 지역사회 안으로 한 걸음 더 나아가서, 현재의 인천광역시 도시공동체 내에서 이루어진 주요한 사회운동을 고찰함으로써, 인천학연구원의 아젠다와 지역학의 취지에 더욱 충실을 기하고자 하였다. 다만 그 고찰의 대상을 노동, 환경, 서민금융 등의 분야로 한정시켰는데 이는 팬데믹이라는 사회적, 자연환경적 재난 속에서 이를 적극적으로 극복하고 향후의 또 다른 재난을 미리 예방하고자 하는 현실적 필요성에 주안점을 두고 볼 때, 이 세 분야의 사회운동이 인간성의 존중과 회복이라는 인문학과 살림운동의 취지를 가장 잘 드러낸다고 생각했기 때문이다. 또한 이 세 분야의 운동 모두 가톨릭에서의 실천 및 경험사례를 중심으로 고찰하였는데, 이는 처음부터 동학과 서학을 한국 근·현대사의 포용적 개혁사상으로 보고(정성훈·원재연·남승균, 2019), 공동체의 내발적 활성화를 통한 도시회복력의 제고를 연구의 목표로 삼았기 때문이다. (인천학연구원, 2019) 총서1에서 동학을 다루었기에 이번 총서2에서는 자연스럽게 서학, 즉 천주교를 다룬 것이다.

본서에서 다루는 **제1주제**는 '가톨릭 사회교리와 인천의 살림공동체'에 대하여 본 연구원 사업단 아젠다의 핵심을 이루는 재난 극복 및 도시회복력 제고의 측면에서 살펴본 연구성과이다. **제2주제**는 '천주교 인천교구 노동운동과 지역공동체'에 대하여 최근 빈번한 발생으로 사회적 우려를 자아낸 '산업재해'를 예방하고 노동자의 인권을 강화한다는 측면을 포함하여 노동운동 전반에 대한 성찰을 가한 글이다. **제3주제**는 '환경회복과 상생공동체 건설을 위한 실천적 대안'이라는 주제를 통하여 한국 가톨릭 교회 내에서 최초로 발족되었고, 전국을 통틀어 인천에서 가장 먼저 시작한 지역 환경운동 단체인 가톨릭 환경연대의 약 30년에 걸친 활동을 성찰하고 향후의 진로를 모색한 성과이다. **제4주제**는 '신용협동조합의 지역금융 역할과 활동사례 연구'에 대하여 1972년 부평 산곡동 성당에서 가톨릭 정신으로 설립되어, 약 50년간 인천, 부평 지역사회를 위해 다양한 방면에서 봉사해오면서, 인천의 대표적 서민금융기관으로 발전해 온 미추홀 신용협동조합의 자취와 현황, 전망에 대하여 고찰해본 논문이다.

4. 도시공동체 총서의 발행과 살림공동체 연구의 심화

본 연구원에서는 앞으로 계속될 국내외 학술대회를 통해서 발표된 연구 논문들을 엮어서 도시공동체 연구총서3, 4로 거듭 발행할 계획이다. 이를 통하여 본 연구원이 추진 중인 아젠다와 관련된 '인천의 내발적 공동체'의 성격으로 규정하고 있는 '살림공동체'의 이론적 체계가 더욱 심화, 확장되고, 이를 지향하는 사회운동의 내용이 보다 풍부해질 것을 기대해본다. 가톨릭 사회교리와 살림공동체의 내용에 대해서는 제1발표에서 좀 더 구체적으로 논의되고 있으니 참고할 수 있을 것이다.

끝으로 본서의 간행과 학술대회를 주관하신 인천학연구원장 겸 인문사회연구소지원사업단장 조봉래 원장님, 다양한 조언과 적극적 참여로 함께 해주신 곽동화·이창길·이도균·이원준·양희진 교수님, 학술대회 및 단행본 간행에 필요한 행정적 경험과 실무적 도움을 나누어 주신 신진식·정성훈 교수님께 감사드린다. 본서의 필진인 발표자들, 그리고 전체 사회와 토론 좌장을 맡아주신 장동훈 인천가톨릭대 인천교회사연구소장 신부님, 토론을 맡아주신 박영대 전 우리신학연구소장님, 양성일 인천교구 노동사목위원장 신부님, 남동걸 인천학연구원 상임연구위원님, 이재열 동암신용협동조합 전무님의 정성과 수고에 대해서도 깊이 감사드린다. 본원의 연구자 일동은 앞으로 더욱 분발하여 "인천의 내발적 공동체 기반 도시회복력" 연구에 매진할 것을 다짐한다.

2021년 8월

공동집필진을 대표하여 원재연 씀

목차

1장

―

가톨릭 사회교리와
인천의 살림공동체

: 재난 예방·극복 및 공동체 회복력 제고를 중심으로

원재연

1. 가톨릭 사회교리와 살림공동체

1) 사회교리

가톨릭 사회교리(*이하에서 사회교리로 약함)는 사회의 공동생활 질서와 개인 및 사회의 정의 실현에 관한 가톨릭교회의 가르침이다.[1] 따라서 사회교리는 정의와 애덕의 관점에서 지역공동체를 살리고 활성화하게 되므로 지속 가능한 내발적 발전의 토대 위에 '좋은 삶'을 추구하는 '살림공동체'[2]의 지향과 일치하는 접점이 형성된다. 다른 설명에 의하면 가톨릭

---

1 오스트리아 주교회의, 『YOUCAT』, 최용호 옮김, 가톨릭출판사, 2012, 262쪽 : 이 책은 역자에 의하여 "가톨릭 청년 교리서"라는 한국어 서명이 붙었다.

2 살림공동체는 칼 폴라니의 실체적 경제개념, 홍기빈의 살림살이 경제 개념 등을 참고하여 국가와 자본의 힘에 맞선 대항 영역으로서 자율적 조직과 운영을 그 특징으로

사회교리는 "인간이 겪고 있는 좌절과 고통으로부터 인간을 보호하기 위한 교회의 공식적인 가르침(Catholic Social Teaching)"으로도 불려지며, 현재의 체계화된 내용은 1891년 레오 13세 교황의 회칙 「새로운 사태」(Rerun Novarum)에서 비롯되었다.[3] 사회교리의 목적은 인간의 존엄성을 보호하는 것이었고, 사회교리를 강조하는 이유는 고통받는 이웃을 돌보고 그 처지를 개선하기 위함이다.[4] 이는 다른 말로 비인간적인 상황을 개선하고 하느님 사랑을 드러내기 위한 것으로 '사랑의 문명'을 실현하기 위함이며,[5] 온전하고 참되며 건강한 사회를 건설하기 위함이라고 할 수

하는 공동체를 말한다. 이에 대한 자세한 설명은 정성훈·원재연·남승훈 공저, 『협동과 포용의 살림공동체 : 이론, 역사, 인천사례』, 보고사(2019.2) 및 신직식·정성훈·김용휘·이경란, 『살림과 돌봄의 공동체, 실천과 사상』, 보고사(2021.6) 등을 참고.

3 이주형, "사회교리란 무엇인가?", 「더 쉬운 사회교리 해설」 1, 가톨릭신문사, 2019.01.01.
4 위와 같은 곳.
5 필자의 발표에 대한 약정토론을 해준 박영대 전 우리신학연구소장은 사랑의 문명에 대해서 다음과 같이 설명했다. '사랑의 문명 건설'은 간추린 사회교리의 결론이라고 할 수 있다. 나는 '사랑의 문명'이 사회교리에 바탕을 둔 가톨릭 사회운동과 살림공동체의 접점에서 중요한 의미가 있다고 생각한다. 이어서 박 소장은 간추린 사회교리의 582항을 인용하면서 사랑의 문명을 만드는 것이 사회교리의 마지막 지향점임을 알려준다. 특히 살림공동체가 국가와 자본의 힘에 맞선 대항영역이라는 사실은, 사회교리 '사랑의 문명'에서 말하는 더욱 아름답고 더욱 인간에게 걸맞는 사회를 만들려면 사랑에 새로운 가치를 부여해야 하고 공동선을 보장해야 한다는 내용에 비견할 수 있다. 또한 "사랑은 인간 삶의 모든 분야에 활력을 주고 국제질서에까지 확대되어야 한다. 사랑의 문명이 다스릴 때에만 인류는 참되고 지속적인 평화를 누릴 수 있을 것이다."라는 구절과 상통한다고 보았다. 한편 살림공동체가 자율적 조직과 운영을 그 특징으로 한다는 점에 대해서는 "사랑의 문명" 또한 "인간의 통합적 발전을 촉진할 수 있는 연대를 높이 권장한다."는 구절과 서로 상통한다고 보았다. 이상에서 언급한 '살림공동체'에 비견되는 사회교리의 목표 '사랑의 문명' 이론에는 보조성의 원리, 공동선의 원리, 인간 존엄성의 원리, 연대성의 원리 등 사회교리의 거의 모든 기본원리들이 포함되어 있다고 보았다. 박영대, 「"가톨릭 사회교리와 인천의 살림공동체"에 관한 토론문」 인천학연구원 인문사회연구소지원사업단 제2회 국내학술대회 제1발표에 대한 약정 토론문(2021.7.29.)

있다. 따라서 사회교리는 세상의 불의하고 부조리한 일들을 시정하려는 열정과 순수한 양심에 입각하여, 사회의 온갖 구조적 재난적 상황 때문에 고통받는 인간사회와 이웃들에게 제시하는 가톨릭교회의 세상 구원 방안이자 살림공동체와 그 지향을 공유하는 사상이라고 할 수 있다. 사회교리는 인류 공동체의 인적 재난과 자연 재난을 예방하고 극복하기 위해, 공동체 내부의 힘을 길러주는 가톨릭교회 나름의 해결방안이라고도 할 수 있다.

2) 최근의 교황 회칙, 권고, 가르침

개혁적, 진보적 성향을 지닌 현 교황 프란치스코는 2013년 교황직에 오른 이후, 지난 100년간 교회의 사회교리의 주요 내용을 확인하면서 날로 변화하는 시대 상황에 새롭게 부응하는 「복음의 기쁨」(*Evangelii Gaudium*, 2014년 권고), 「찬미받으소서」(*Laudato Si*, 2015년 회칙), 「모든 형제들」(*Fratelli tutti*, 2020년 회칙) 등을 거듭 발표하였다.

현대 세계의 복음선포에 관한 교황 권고인 「복음의 기쁨」 제4장에서는 복음화의 사회적 차원을 다루면서 사회의 가장 힘없는 구성원에 대한 관심을 촉구한다. 프란치스코 교황은 현대 세계의 도전들과 관련하여 현재의 신자유주의 경제체제가 근본적으로 불공정하다고 규탄하면서 눈에 보이지는 않지만 많은 곳에서 '시장 자율'이라는 새로운 폭정이 일어나고 있음을 지적했다. 이어서 금융투기, 부정부패, 탈세와 세금회피의 부도덕성에 대해 안타까와 한다. 이러한 불공정한 세태에 대해 교황은 정의를 위한 투쟁을 해야 하며 개인적 구원의 차원을 벗어나 인류공동체 전체의 구원에 힘써야 한다고 강조했다.[6]

인류의 무분별한 생태계 파괴에 의한 기후 환경의 심각한 변화와 재난에 대비하기 위한 회칙, 「찬미받으소서」는 2015년 5월 반포 5년 이후인 2020년 5월 16일부터 23일까지 '찬미받으소서' 행동 주간을 선언하고 다시 1년간 '특별기념의 해', 7년간 행동실천의 해로 선포할 정도로 이 시대 지구환경의 파괴가 심각하다는 사실을 일깨워준다. 회칙의 주요 실천 내용이자 환경운동의 구체적 목표는 다음과 같다. ①지구의 부르짖음에 대한 응답 : 탄소중립을 목표로 재생 가능한 청정 에너지를 최대한 활용하고 화석 연료 줄이기, 생물 다양성의 보호와 증진을 위해 노력하기, 모든 이가 깨끗한 물에 접근할 수 있도록 보장하기 등. ②가난한 이들의 부르짖음에 대한 응답 : 원주민 공동체, 이민, 신종 노예의 위험에 놓인 어린이 등 가장 힘없는 이들에게 특별한 관심을 기울여 임신에서 죽음까지 인간 생명을 수호하고 지구상의 모든 생명체를 보호하기. ③생태 경제학 : 지속 가능한 생산, 공정 무역, 윤리적 소비, 윤리적 투자, 화석 연료와 지구와 사람들에게 해로운 모든 경제 활동에 대한 투자 철회, 재생 에너지 투자 등. ④검소한 생활양식 채택 : 자원과 에너지의 소비 절제, 곧 플라스틱 일회용품 사용을 삼가기, 채소 위주의 식습관을 기르고 육류 소비를 줄이기, 최대한 대중교통을 이용하고 공해를 일으키는 교통수단 이용 삼가기. ⑤생태 교육 : 생태적 인식을 진작하고 그 구체적 행동을 북돋우며 젊은이들과 교사들과 교육계 지도자들의 생태적 소명을 증진하려는 목적에서 통합 생태론에 비추어 교육 과정을 재검토 재정립하고 교육 기관들을 개혁해 나가기 등. ⑥생태 영성 : 하느님의

---

6 황창희, 「복음의 기쁨」과 사회 복음화」, 『누리와 말씀』, 인천가톨릭대학교 복음화연구소, 2016.

피조물을 바라보는 신앙의 눈 회복하기, 경탄과 찬미와 기쁨과 감사의 마음으로 자연을 더 많이 접하도록 장려하기, 피조물에 중점을 둔 전례 거행 촉진하기, 생태 교리교육, 기도, 피정 교육을 개발하기 등. ⑦지역적 국가적 차원에서 피조물 보호에 대한 공동체의 능동적 참여를 강조 : 대중 인식 캠페인 장려하기, 지역과 이웃 생태계 안에 생태 의식이 더욱 깊이 뿌리 내리도록 장려하기 등.[7]

"형제애와 사회적 우애에 관한 회칙"인 「모든 형제들」은 총 8장과 결론 등으로 구성되었으며 일상적 관계, 사회, 정치제도에서 보다 공정하고 우애적인 세계를 건설하고자 하는 사람들을 위한 이상과 구체적 실행 방법을 제시했다. 이 회칙은 "세계화되고 상호 연결된 세계에서 우리는 함께로만 구원받을 수 있음을 인식해야 한다."고 하여 공동체적 구원을 강조한다. 모든 사람의 존엄성을 중심에 두고 모두를 위한 직업을 보장하여 모든 사람이 발전할 수 있도록 해야 한다. 또 금융이익에 종속되지 않고 공동선을 위한 최선의 정책이 구체화되어야 한다. 인권을 보호하고 기아와 인신매매를 확실히 제거하는 정책을 수립하고 평화를 증진하여 보다 공정한 세상을 만들어야 한다고 강조했다. 회칙은 "전쟁은 더이상 어떠한 가상의 권리 형태로도 상상조차 할 수 없다. 진실과 연결된 평화와 화해는 '상호 발전'이라는 이름으로 대화를 통한 정의를 목표로 하여 선제적으로 실천되어야 한다."고 하여 인류 공동체의 '상호 발전'을 강조함으로써 인천학연구원이 강조하는 핵심 연구과제 중의 하나인 상생(相生) 즉 '서로 살림'의 인류공동체 건설을 촉구했다. 아무런 예고없이 불쑥

---

7   황인철, 「2050년, 희년을 맞이할 수 있을까 : '찬미받으소서' 특별기념의 해 선포」, 『가톨릭평론』, 우리신학연구소, 2020.7.

찾아온 전 세계적인 보건위기(Covid-19)에 대처하기 위해서는 '아무도 홀로 구원을 받지 못한다'는 사실을 분명히 인식하고 다함께 전 지구적 공동체(Global community)가 함께 대응하는 글로벌 조처를 필요로 한다고도 설파했다. 한편 마피아 확산을 조장하는 '벽의 문화'와 대중매체의 윤리적 타락을 지적하면서 착한 사마리아인의 모범을 실천할 것을 강조한다. 이를 위해 모두가 편견과 개인적 이기심을 극복하고 역사적 문화적 장벽을 넘어 고통받는 약자들을 포용하고 통합하며 구제하는 데 힘써야 한다. 자본주의가 보장하는 사유재산에 대한 자연적 권리가 창조된 재화의 보편적 사용을 위한 목적(원칙)에 부차적인 것임을 거듭 확인하면서, 개발도상국들의 외채문제를 해결할 구체적인 대안으로 "지불해야 하는 원칙"을 침해하지 않으면서도 최빈국의 성장과 생존문제를 보다 중시했다. "가난한 사람들을 위한 정책은 가난한 이들이 주체가 되는 '함께하는 정책'으로 전환해야 하며, UN은 약한 나라를 보호하기 위한 다자간 협정을 체결해야 한다."고 하여 교회가 전통적으로 지지해온 가난한 이들에 대한 특별하고도 우선적인 관심을 거듭 표명했다. "강자가 약자를 계속 억압하는 것을 막으면서 그 억압자의 변화를 촉구해야 한다."고 한 것은 조선후기 이래 실학자들이 추진해온 공동체 개혁의 방안인 '억강부약'(抑强扶弱)의 방향과 부합한다. 생명의 신성함을 존중하여 사형제도를 없애고 테러리즘의 원인이 되는 굶주림, 불의, 억압 등의 잘못된 정책을 고치는 데 힘쓸 것도 주장했다. 종교간의 대화와 협력을 강조하면서 정치에 직접 관여하지는 않지만 정치에 적극적 관심을 갖고 공동선의 실현을 위해 노력해야 한다고 강조했다.[8] 이상에서 살펴본 현 교황 프란치스코

---

8   장기풍, 「형제애와 사회적 우애에 관한 회칙 '모든 형제들'」 내용요약, 『가톨릭뉴스

의 모든 회칙, 권고들은 앞서 소개한 '사회교리'의 기본원리들을 새삼 강조하고 부분적으로 첨가 보강한 수준으로 이해할 수 있다.

3) 살림공동체

인천학연구원의 인문사회연구소지원사업 아젠다는 살림인문학의 기반 위에서 그 연구가 진행되는데, 대체로 유무상통(有無相通), 억강부약(抑强扶弱) 등을 그 내용으로 하는 경제 인문학, 협동과 포용의 노력으로 형성되는 공동체 인문학, 사인여천(事人如天, 동학), 애인여기(愛人如己, 천주교), 만물제동(萬物齊同, 도교)을 배경으로 하는 생태 인문학, 정치, 경제, 법, 과학, 교육 등의 다양한 생활세계를 바탕으로 펼쳐지는 생활세계 인문학, 주목받지 못한 인간 삶의 의존성과 돌봄의 필연성에 주목한 돌봄 인문학 등을 그 특징으로 한다. (인천대학교 인천학연구원 편, 『인천의 내발적 공동체 기반 도시회복력 연구』(2019년도 인문사회연구소지원사업 문제해결형 발표자료/ 2019.8.14.) 참고.) 거시적으로 살펴보면 본고가 노동, 환경, 신용협동조합 등 3가지 분야에서 살펴볼 가톨릭 사회교리는 위 아젠다의 수행과 관련하여 제시한 5가지 인문학의 내용을 거의 다 포함한다. 사회교리는 인간 존엄성의 원리를 가장 근본적인 기본원리로 하고, 다른 원리인 공동선의 원리, 보조성의 원리, 연대성의 원리 등이 기초(바탕)를 이룬다. 이러한 4대 기본원리 외에 실천원리로서 재화의 보편 목적의 원리, 책임과 참여의 원리, 가난한 이들을 위한 우선적 선택 등을 그 핵심 내용으로 포함한다. 본고에서 살펴보는 인간 존중의 원칙에 입각한 노동교리나 친환경 지속 가능한 개발을 지향하는 환경교리, 감염병 재난의 시기

지금여기』, 2020.10.06.(http://www.catholicnews.co.kr)

를 맞아 피폐된 지역경제 회복의 밑거름이 되는 서민금융으로서 신용협
동조합 가르침 등이 모두 이러한 사회교리의 4대 기본원리와 3대 실천원
리를 그 기반으로 하여 전개된다. 따라서 본고는 사회교리를 통해서 가
톨릭 지역사회운동의 주요한 특징을 이해하고, 지역공동체의 활성화를
위한 조언을 도출하기 위한 준비작업에 해당된다.

4) 인천교구의 가톨릭 사회운동

본고는 이와 같은 취지와 목적을 가진 가톨릭 사회교리가 복음서와
함께 가톨릭 사회운동의 원리에 해당한다고 보고, 1961년 6월 인천대목
구 설립 이후 2021년 7월 현재까지 인천 지역에서 진행되고 있는 모든
가톨릭 사회운동의 기본원리와 그 바탕에 깔린 사상을 사회교리를 통해
서 살펴보고자 한다. 나아가 이러한 작업이 우리 인천학연구원이 한국
연구재단 인문사회연구소 지원사업으로 추진 중인 "인천의 내발적 공동
체 기반 도시회복력 연구"라는 아젠다의 주요 내용에 부합되는 측면이
있음을 재난 극복과 공동체 회복력의 제고라는 측면을 중심으로 고찰해
보고자 한다. 이러한 작업은 한국 근현대사의 격동기에 민족의 근대화
와 주권회복을 위해 등장한 동서융합 사상으로서의 천도교(동학)와 함
께, 오늘날 한국사회의 지역공동체 형성과 운영에 적지 않은 영향을 미
치고 있는 천주교(서학)가 약 240년의 전래역사를 지나면서 서서히 한국
의 전통과 문화에 적응해오는 과정에서 한민족과 인천의 지역공동체 형
성에 어떠한 영향을 끼쳐왔는가를 실증적으로 고증하는 과정이 될 수도
있을 것이다.

필자의 이번 발표는 향후 인천 지역사회를 배경으로 한 유교, 불교

등 전통사상과 다양한 외래종교, 비종교적 사회사상과 운동들의 궤적을 공동체 활성화의 관점에서 종합적으로 검토하여 인천의 도시회복력 강화와 재난 예방 등을 실천해나가는 데 필요한 연대의 틀을 마련하는 계기가 될 것으로 기대한다. 그러나 본고가 살펴볼 사회운동은 노동, 환경, 신용협동조합 등 세 분야에 한정되어 있으며, 이러한 사회운동의 운영원리요 기본 배경을 이루는 사회교리에 대한 검토도 약간의 문헌에 제한되고 편중되어 있다는 점에서 향후 상당한 수정과 보완을 해야만 하는 과제를 안고 있다.

2. 노동교리 : 인간 존중과 산업재해 예방

1) 인간 존엄성에 기반한 노동

사회교리에서 "인간의 노동은 인간에서 비롯하여 인간을 지향하며, 인간을 최종 목적으로 삼는다(272항)."라고 그 속성을 규정한다. 이는 인간의 소외를 방지하고(280), 인간이 노동의 주역이라는 사실을 분명히 해준다(317). 그러므로 노동은 인간의 자유롭고 창의적인 활동이라고 할 수 있다(318). 노동은 인간의 존엄성을 기반으로 하는(275 참고), 인격적인 행위로서(271), 하느님의 창조와 구원 활동에 동참하는 인간 존재의 근본적 차원의 행위이며, 성화(聖化)의 수단으로서(263), 인간의 권리이자(287, 301) 의무(264)이다. 인간은 노동을 통하여 인간의 존엄성을 얻게 되므로, 노동은 존엄한 인간 행위이다. 인간의 노동은 객관적 의미와 주관적 의미를 지닌다(270). 객관적 의미에서 노동은 창세기에서 말하듯 인간이 땅을 다스리고 무엇인가를 만들어 내는 데에 사용하는 활동과 자원, 도구와 기술의 총체이다. 이에 비해 주관적 의미의 노동은 노동과정의 일부이며 자신의 개인적 소명에 부합하는 다양한 활동을 수행할 수 있는 역동적 존재인 개인의 활동이다. 따라서 인간 중심의 활동인 노동은 인격체로서의 주관적 노동이 객관적 생산의 수단으로서 노동보다 중요하고 우선되어야 한다(270~271, 317~318). 따라서 노동 행위가 인간의 존엄성을 훼손해서는 안 된다(270~271). 한 마디로 사회교리가 말하는 노동관은 "인명 존중을 최우선으로 하는 인간의 고귀한 자아실현 행동"이라고 할 수 있으므로, 인명을 존중하지 않고 생산의 수단으로만 여겨서 발생하는 여러 가지 노동 현장의 산업재해를 예방해야 할 근거가 되는 가르침이라고 할 수 있다.

2) 재창조를 위한 휴식

노동은 부의 원천이며 적어도 품위 있는 생활을 위한 조건이기 때문에 명예로운 것이며 원칙적으로 빈곤을 막는 효과적 수단이다(257). 노동은 인간에게 필수적인 것이지만 최종 목적이 아니기 때문에 노동을 숭배하려는 유혹에 빠져서는 안 된다(257). 성경은 안식일의 규정을 통해서 노동의 고귀한 가치를 드러내면서, 동시에 자의로든 강제로든 일의 노예가 되지 않게 하고, 드러나거나 감추어진 모든 종류의 착취에서 인간을 보호하고 막아준다(258). 따라서 노동자에게 있어서 적절하고 충분한 휴식은 노동자의 인간 존엄성을 보호하고 지켜주는 매우 중요한 방안임을 깨닫게 해준다. 구약성경에 의하면 안식일은 사람들을 하느님의 예배에 참여하도록 이끌어주면서 가난한 이들을 보호하고자 제정되었으며, 사람들이 노동에 얽매여 반사회적 타락에 빠지는 것을 방지해준다(258).

노동 중간에 휴식을 하는 것은 하나의 권리로서(284), 구약성경 창세기
(2, 2)에서, "하시던 일을 모두 마치고 이렛날에 쉬셨다"는 하느님의 창조
사업을 본받는 것이라고 할 수 있다. 가톨릭교회에서는 주일에, 일상의
노동에서 벗어나 이웃을 돕는 자선활동을 하고, 가족과 친지들, 병자와
노약자들에게 시간을 할애하는 등 형제애와 나눔을 실천할 것을 권고한
다(258). 그러면서 가난 때문에 주일에도 쉴 수 없는 이웃들을 잊어서는
안 된다(285)고 하여, 그리스도인은 주일을 지키기 못하게 쓸데없는 일
을 남에게 강요하는 잘못을 범하지 말아야 함은 물론이고 과도한 노동에
시달리는 형제들을 돌보고, 그들이 적당한 휴식을 얻도록 도와주어야
함을 깨우치고 있다. 이러한 의무는 공권력과 기업의 고용주들이 특히
관심을 갖고 준수해야 한다고 규정한다(286). 사회교리에서 규정한 휴식
의 규정은 산업현장의 노동자에게 건강한 신심으로 맡은 일에 전념하여
산업현장의 재난을 줄여주고 작업의 능률을 향상시켜 준다는 점에서 그
의미를 찾을 수 있다.

3) 자본에 대한 노동의 우위와 노동조합

노동에 관한 사회교리는 자본에 대한 노동의 우위를 분명히 하면서
(267~277), 최소한의 임금을 보장하고(302) 노동자의 연대성을 강조하면
서 노동조합의 정당성과 중요성을 인정한다(305~307). 이에 따르면 서구
에서 시작된 산업혁명이 노동자를 착취하고 그 인권을 침해하자 교회는
노동자와 그들의 권리를 지지하는 보편적으로 정당하고 영구히 타당한
원칙들을 강조하기 시작했다. 가톨릭 사회교리의 본격적 시발점이 된
레오 13세의 회칙「새로운 사태(Renum Novarum)」가 나온 것은 바로 이

때문이었다(267). 「새로운 사태」는 무엇보다도 노동자의 양도할 수 없는 존엄성을 진심으로 옹호하면서 노동자의 재산권, 사회 계층 간 협력, 특히 노동자와 자본가의 협력, 약자와 가난한 이들의 권리, 노동자와 고용주의 의무와 단체 결성권의 중요성을 언급하였다. 이는 노동자의 인간다운 삶을 보장하고 공동체적 삶을 활성화하려는 노력이라고 평가된다. 「새로운 사태」는 다양한 사회학 연구모임과 센터, 단체, 노동자의 기구, 노동조합, 협동조합이 생겨나 노동자의 교육, 임금인상과 노동환경 개선 등에 노력하는 중요한 계기를 마련해주었다. 사회교리는 노동조합의 의무와 권리를 동시에 규정하고 있다(305~307). 이에 의하면, 가톨릭교회 교도권은 다양한 직종에 고용된 노동자들의 기본적인 권리를 옹호하고자 결사나 노동조합을 결성할 권리를 인정했다. 동시에 노동조합은 공동선과 관련된 구체적인 목표를 추구하면서 사회질서와 연대에 긍정적인 영향력을 행사할 것을 주문하고 있다. 사회교리는 노동계 내부의 협력적 관계를 촉구한다. 증오나 상대를 제거하려는 시도는 절대 용납될 수 없다고 하면서, 노동과 자본은 생산과정의 필수불가결한 구성 요소이기 때문에 상호협력할 것을 강조한다. 따라서 노동조합은 과도한 계급투쟁에 몰두해서는 안 되며, 연대와 정의실현의 도구로서의 역할에 충실할 것을 권고한다. 노동조합은 모든 노동자가 조합원이 되어야 한다는 생각에서 벗어나야 하며 자율성을 갖추고 조합의 결정이 공동선에 미칠 영향을 고려해야 한다. 노동조합은 노동자의 권리를 수호하고 주장하는 역할 외에도, 경제생활의 올바른 질서를 위하여 노동자들에게 사회의식을 길러줄 의무가 있으며, 정치분야에 영향력을 행사하여 정치가 노동문제에 마땅한 관심을 기울여서 노동자의 권리를 존중하고 신장하도록 이끌어야 한다. 그러면서도 사회교리는 노동조합이 오로지 권력을 위하여 투쟁

하거나 정당의 결정에 예속되는 등 정당과 지나치게 유착하는 것을 경계
하면서, 사회 전체의 공동선이라는 틀 안에서 노동자들의 정당한 권리를
보장하는 역할에 충실할 것을 권고한다. 마찬가지로 사회교리는 공동선
의 추구라는 관점에서 파업할 권리를 신중하게 행사할 것을 요구한다.
파업은 적정한 이익을 위해 불가피하여 어쩌면 필수적인 수단으로 나타
날 때, 분쟁해결을 위한 다른 모든 방법이 아무 효과가 없을 때 최후수단
으로서 파업의 정당성을 인정한다(304). 그러면서도 파업은 노동자 자신
의 요구를 제시하고 권리를 쟁취하는 평화로운 수단이 되어야 하며 폭력
을 수반하거나 근로조건과 직접 관련되지 않는 목적 또는 공동선에 어긋
나는 목적을 내걸었다면 도덕적으로 정당화될 수 없다(304).

4) 정당한 임금으로 생계를 보장해야

사회교리는 노동자의 인간다운 삶을 위한 정당한 임금을 보장할 것을
요구하였다(259). 이는 신약성경에 나오는 "일꾼이 품삯을 받는 것은 당
연하다(루가10, 7)"는 구절에서 비롯된다. 그 임금의 수준에 대하여, "임
금은 노동자가 지상의 재화를 얻을 수 있는 도구이다. 노동의 보수는 각
자의 임무와 생산성은 물론, 노동조건과 공동선을 고려하여 본인과 그
가족의 물질적 사회적 정신적 생활을 품위있게 영위할 수 있도록 제공되
어야 한다(302)."고 하여 노동자의 최저임금에 대한 기준을 제시하였다.
이와 관련하여 신약성경 마태오 복음 20장(1~16절)의 착한 포도밭 주인
의 비유는 노동자의 능력이나 노동시간 등과 관계없이 최소한 노동자와
그 가족들의 기본 생계를 보장하는 임금을 지급해야 한다는 것을 분명히
일깨워주고 있다. "적정임금은 노동자가 생활을 유지하는 데 미흡해서는

안 된다(302)"는 가르침과도 합치된다. 이는 본질적으로 노동자의 삶을 보장해야 한다는 정의의 원칙이 노사 간 계약의 자유에 우선하기 때문이다. 그러므로 공평한 소득분배는 '교환의 정의' 뿐만 아니라 노동의 객관적 가치를 뛰어넘어 노동주체의 인간 존엄까지 고려하는 '사회정의'의 기준에 따라 추구되어야 하며 국민 전체의 소득재분배 관점에서 실시되어야 한다(303). 이처럼 사회교리의 노동관련 규정들은 인간의 존엄성을 우선시하는 대원칙을 곳곳에서 피력하고 있다.

5) 산업재해 예방과 공동체 활성화

사회교리는 공동체 활성화를 위한 노동의 효과 및 노동자 권리 보호를 통한 산업재난 예방에 유효한 규정들을 두고 있다. 가톨릭교회는 노동을 인류의 원조가 낙원에서 쫓겨난 후 받은 일종의 형벌로도 보고 있지만, 그보다는 인간활동에 대한 보상으로 해석한다(266). 사랑의 실천을 최종 목표로 삼는 인간의 노동은 관상의 기회가 되며, 영원한 구원을 기다리며 부단히 깨어 바치는 기도가 된다고 가르친다(266). 이같은 구원 관점에서의 노동은 인간이 공동선을 증진하기 위해 사회와 공동체의 역량을 모아서 무엇보다도 가난한 사람들에게 도움을 주어야 한다고 하여, 애덕의 실천을 통한 빈자의 구제가 노동의 참된 목적 중의 하나임을 밝혔다. 같은 맥락에서 "노동은 다른 이들과 더불어 일하는 것이고, 다른 이들을 위하여 일하는 것이며, 다른 누군가를 위하여 무언가를 하는 것이다 (273)."라고 하여 노동이 고유한 사회적 차원을 지니고 있음을 강조한다. 따라서 노동의 이같은 사회적 본질을 고려하지 않고, 만일 인간사회가 진정 사회적이고 유기적인 조직체가 되지 못하면, 노동이 법적이고 사회적인 질서로 보호받지 못한다면, 상호의존 관계에 있는 다양한 형태의 노동이 상호보완과 조화 가운데 결합되지 않는다면, 지식과 자본과 노동이 공동보조로 결합되지 않는다면, 인간의 노동은 그 수고의 기대치를 얻을 수 없다고 하면서 노동의 참된 성과를 얻기 위한 사회적 조건을 분명히 했다(273). 노동의 이같은 사회적 성격은 공동체 활성화를 위한 노동의 역할이 중대함을 피력한 것이기도 하다. 이와 관련하여 사회교리는 노동자가 받아야 할 정당한 임금에 대한 권리, 휴식의 권리, 노동자들의 신체적, 정신적 건강을 유지할 수 있는 노동환경과 작업과정에 대한 세심한 배려를 규정하고 있다(301). 이러한 규정을 잘 지켜나간다면 산업 현장에서의 노동자의 희생을 최소한으로 줄일 수 있게 된다. 이외에도 산업재해를 줄이는 구체적인 방안으로 사회교리는 자신의 양심과 존엄성이 모독을 받지 않고 일터에서 자신의 인격을 보호받을 수 있는 권리, 실직 노동자들과 그 가족의 생계에 필요한 적절한 보조금에 대한 권리, 연금에 대한 권리와 노후, 질병, 직업관련 사고에 대비한 보험에 대한 권리, 출산과 관련된 사회적 보장, 집회 결사의 권리 등을 사회교리는 명시하고 있다. 특별히 개도국에서 매우 비인간적인 성인 남녀와 어린이 노동의 부도덕을 지적했는데, 어린이의 경우 노동에 투입되는 과도한 정신적 육체적 고갈은 그들이 교육을 받아서 더 좋은 직장을 얻어 활발한 사회생활을 할 기회를 구조적으로 박탈하게 된다(296)는 점에서 심각한 사회 문제에 속한다.

6) 노동자의 경영·소유 참여

노동자의 인간다운 삶을 통해서 산업재해를 줄이고 지역공동체를 활성화할 수 있다고 보면, 일터에서 노동자들이 소유권과 경영에 부분적으로 참여하는 권리도 중요하다. 노동자의 경영권 참여와 생산수단에 대한 일정한 소유의식은 노동과 자본 상호 간의 진정한 협력을 촉구하고 공동선을 추구하기에 노동자들이 인격적으로 대우받을 수 있으며, 회사의 일에 적극적 능동적으로 투신할 수 있으므로 그 직장을 명실상부한 살아있는 공동체 즉 살림공동체로 만들어줄 것이다(281 참고). 미래사회의 바람직한 노동-경영-소유관계의 해법이 아닐까 기대한다.

7) 고용과 교육의 책임

노동은 실업이라는 끔찍한 인적 재난을 방지하는 수단이 되어야 한다. 노동은 인간의 기본권이며 유용하며 합당한 선이다. 이는 노동이야말로 인간이 인간존엄을 표현하고 증진하는 적절한 방법이기 때문이다. 교회는 노동이 노동자 그 개인과 가족, 나아가 그가 속한 공동체 전체에 미치는 파급 효과를 고려하여 언제나 노동자의 실직이 발생하지 않도록 최대한 노력해야 한다. 특히 젊은 세대의 실업은 실제로 끔찍한 사회적 재앙이므로 국가는 완전고용을 위해 노력함으로써 실업의 재난으로부터 청년세대를 구제해야 한다(287~288). 이를 위해서 정부는 청년들의 직업교육에 힘써야 한다. 고용 유지는 점점 더 개인의 전문적 능력에 의존하게 되지만, 국가는 교육제도를 통해서 개인이 책임을 수행하면서 적절한 수입을 얻는 데에 필요한 인간적 기술적 교육에 힘써야 한다. 현대에 들어와서는 인생에서 직업을 여러 번 바꾸는 일이 흔한 일이 되었으므로 모든 노동자들은 평생교육과 재교육 등을 통해서 실직의 위기로부터 탈출해야 한다. 특히 젊은이들은 주도적으로 행동하는 법과 흔히 발전방향

을 예측할 수 없는 유동적인 경제상황과 관련된 위험에 대비할 수 있는
충분한 역량을 갖추고 대처할 수 있도록 충분한 교육을 받아야 한다
(290). 국가가 노동자들에게 제공하는 교육을 통해 실직자를 줄이고 재취
업의 기회를 늘려가는 적극적인 고용정책이야말로 공동체 활성화와 실
업이라는 인재를 예방하는 최선의 방책이 될 것이다(291). 사회교리는
기업활동에 대한 국가의 지원을 자본주의적 시장경제에 그 토대를 두고
전개한다. 즉 국가가 경제생활 전반을 규제하거나 개인의 자유로운 활동
을 제한하면서 모든 국민의 노동권을 직접 보장해주려고 하기보다는,
기업활동이 부족하면 자극을 주고, 많은 어려움으로 위기에 놓이면 지원
을 해주며, 고용 기회들을 제공할 여러 가지 조건들을 마련해줌으로써
기업활동을 지원해야 한다고 가르친다(291). 기업활동의 활성화를 통한
고용안정을 달성하기 위해서는 국가의 이같은 적극적인 고용정책과 국
가들 사이의 효과적인 협력을 위해 국제기구와 노동조합들도 함께 노력
해야 한다(292). 또한 노동자의 권리를 보장하는 법규들을 체계적으로
정비하고 사회적 기업과 협동조합 등의 연대, 참여, 협력을 통한 지역공
동체의 자율적 역량을 제고하는 일도 매우 중요하다. 이는 곧 대량 실업
이라는 사회적 재난을 예방하고 실업자를 구제하여 그들의 경제적, 정신
적 피폐로부터 치유해주고 새로운 삶의 희망을 고취하는 공동체적 회복
력을 제고하는 방안이기도 하다(292~293 참고).

8) 여성, 어린이, 이민 노동자를 위한 배려

공동체 활성화를 위한 노동정책은 여성 노동자에 대한 세심한 배려를
통해서 출산을 가능한 조건을 만들어주어 출산율 급감이라는 인구재앙

을 막고 정상적인 가정생활이 가능하도록 보장해주어야 한다. 이는 사회의 가장 기본적인 가족공동체의 안정과 지역공동체의 활기를 동시에 가져다줄 것이다(294~296). 여성의 특수한 능력이 사회생활의 모든 영역에서 요구되는 현대에 와서 여성의 직장 생활을 보장하기 위해서는 필요한 직업 교육을 받을 수 있도록 해야 한다. 동시에 임금, 보험, 사회보장 등의 측면에서도 여성이 부당한 침해를 받지 않고 정당한 혜택을 받을 수 있도록 배려해야 한다. 지역공동체의 화합과 경제 활성화의 중요한 요인 중의 하나는 외국인 이주민 노동자에 대한 정당한 노동권을 보장해주는 것이다. 이민은 발전에 장애가 되기보다는 발전의 원천이 될 수 있다. 선진국의 입장에서 개도국으로부터의 이민은 자신들의 행복한 삶을 위협하는 것으로 간주되기도 한다. 그러나 대부분의 경우 이민은 현지 노동력 부족을 메꾸어준다. 특히 현지인들이 기피하는 업종이나 영역의 노동 수요를 채워 줌으로써 일자리의 공백을 메꾸어준다(297). 이민을 받아들이는 나라에서는 자국민과 이주민 노동자들이 동등한 권리를 보장받도록 노력해야 한다(298). 이민들은 그들의 가족과 함께 이주한 국가의 동등한 시민으로 받아들여져야 하며, 이민 가정들이 재결합하여 사회의 일원이 될 수 있는 권리가 존중되어야 한다(298). 이 밖에도 사회교리는 농업 노동 분야에서 농지개혁의 필요성과 토지 재분배의 중요성을 강조하고 있으며, 환경과 조화를 이루는 농업 노동을 권장한다(299~300). 사회교리는 신자유주의를 경계하면서 세계적 연대를 통한 노동의 미래를 개척할 것을 권고한다(311~313, 321~322). 이상의 내용들은 인간이 존중받고 주체가 되는 노동을 통한 전 세계적인 지역공동체 활성화의 방안으로 인정될 수 있다.

3. 환경교리 : 환경 친화적 개발과 재난 예방

사회교리의 생태관은 창조질서를 보존하면서 인간 존중 및 자연과의
조화, 인간과 자연의 공존을 도모하는 입장에서 친환경적인 개발을 하는
것이라고 요약할 수 있다.

1) 자연과 인간의 관계

창세기에 의하면 창조주 하느님은 인간에게 모든 피조물과의 조화를
이루면서 그들을 다스리고 돌볼 임무를 맡겼다(창세1, 26~30). 따라서 인
간은 우주의 생태 환경을 조화와 균형을 이루는 가운데 적절하게 개입할
수 있게 된다(451). 그러면서 자연을 조종과 착취의 대상으로만 보는 공
리주의나 환원주의도 경계하고 있다(462~463). 환원주의는 인간이 자연
을 착취해도 자연 생태는 쉽게 회복된다는 막연한 믿음에 근거하여 자연
계를 기계론적 관점에서 보고, 개발을 소비주의적 관점에서 보며 존재보
다는 행위와 소유에 우위를 둠으로써 심각한 인간소외 현상까지도 야기
한다(462). 이러한 잘못된 환원주의적 시각을 교정하기 위해서 사회교리
는 인간과 피조물 자체의 초월적 차원에 대한 존중의 필요성을 강조한다
(462). 그러면서도 동시에 자연을 절대시하고 인간존중보다 우위에 두는
과도한 생태중심주의나 생물중심주의도 배격한다(463). 이런 사고들은
모든 생명체의 동등한 존엄을 위해서 인간의 다른 피조물에 대한 상위의
책임을 배제하는 우를 범할 수 있게 된다.

2) 자연친화적 개발과 지속가능성

자연과 인간을 완전히 독립된 이질적 존재로 여기지 않기 위해서 상호

공존을 위한 조화의 차원에서 자연에 대한 초월적 인식이 필요하게 된다
(464). 가톨릭의 자연관 내지 생태관은 자연은 창조주 하느님께서 인간에
게 주신 선물로 항상 창조주께 감사하는 마음으로 잘 기르고 보살펴야
할 존재로 인정하는 것이었다(464). 여기에서 베네딕도와 프란치스칸에
서 말하는 자연을 존중하고 상호 긴밀한 친화적인 관계를 중시하는 생태
영성이 생겨났다. 따라서 교도권은 건강하고 건전한 자연환경을 보존할
책임이 인간에게 있음을 강조하면서 오염을 제거하고 청정한 자연환경
을 미래세대에 물려줄 의무를 인간공동체에 부가했다(465). 따라서 창조
주의 협조자인 인간은 부당하게 자연을 남용하거나 손상하여 자연의 반
항인 생태계 위기를 초래해서는 안 되며, 생태 그 자체의 고유한 생명을
지닌 자연의 발전을 촉진하기 위해 개입할 수 있다(460). 이는 곧 자연친
화적 개발을 의미하는 것이다. 그리스도교 자연관은 창조의 관점에서
인간이 다른 생명체도 포함하고 있는 자연에 개입하는 것을 조심스럽게
긍정하면서 동시에 자연을 보호할 책임을 강하게 호소한다(473). 자연은
인간이 건드리지 말아야 할 신성하거나 거룩한 실재라기보다는 창조주
가 인간공동체에 맡겨서 인간의 지혜와 도덕적 책무를 발휘하도록 하신
선물이기 때문이다(473). 인간이 질서와 아름다움, 개별 생명체의 유용
성, 생태계 내에서 그것들의 역할을 존중하는 가운데 신중하게 개입하여
각각의 고유한 특성이나 성질의 일부를 바꾸는 것은 부당한 행위가 아니
다. 이는 생명체나 자연환경을 훼손하는 것과는 달리, 개발과 증진의 행
위로 보기 때문이다(473). 자연환경과 생태에 대한 적절한 개입, 즉 자연
보호와 친환경적 개발은 인간의 이기심을 만족하기 위해서 기술적 과학
적 영역에서 무제한으로 추구되는 가볍고 무절제한 행동과는 구별되어
야 한다.

3) 과학기술의 발달과 개도국의 분발

현대 과학기술의 발달, 특히 생명공학의 발전은 지역, 국가, 국제적으로 강력한 사회적 경제적 정치적 영향력을 행사한다(474). 이러한 생명공학 연구는 엄격한 윤리기준에 입각한 적절한 통제에 따라야 한다(474). 또한 국제적 연대의 정신에 기초하여 선진국 과학기술의 개도국 이전을 촉진하면서 국제간의 활발한 과학기술 지식의 교류가 이루어져, 민족들에게 필요한 과학적 기술적 자율성이 신장되어야 한다(475). 최근 프란치스코 교황이 미국의 코로나 예방 백신 기술을 개도국에 무상으로 이전하여 전 세계 인류가 보편적으로 과학기술 발전의 혜택을 받을 수 있기를 촉구한 바에서도 거듭 확인되는 입장이다. 각국의 경제발전 계획도 자연의 주기와 통일성을 존중하여야 한다(470). 자연 자원은 한정되어 있으며 특히 일부는 재생이 불가능하기 때문이다. 따라서 경제발전에 대한 요구는 환경보호에 대한 요구와 잘 조화시켜서 생태계의 조화를 유지하도록 해야 한다. 각국은 환경을 존중하는 경제활동을 해야 하며, 기후변화와 같은 환경의 변화를 지속적으로 관찰해야 한다. 기후는 보호해야 할 선익이며 소비자와 산업활동에 종사하는 사람들에게 자신들의 행위에 대하여 더욱 큰 책임의식을 가져야 한다(470). 또한 에너지 자원을 둘러싼 복잡한 문제에 관심을 기울여, 선진 산업국들과 근래에 산업화한 나라들이 캐내는 비재생 자원들은 온 인류를 위하여 쓰여져야 한다(470). 특별히 형평성과 세대 간 연대에 기초한 도덕적 관점에서 볼 때 과학 공동체를 통해서 지속적으로 새로운 에너지원을 찾아내고 대체 에너지원을 개발하며, 핵에너지(원자력발전)의 보안을 강화해야 한다(470). 개발과 환경이라는 맥락에서 에너지를 사용하려면 각국과 국제공동체, 경제 주역들의 정치적 책임이 요청된다(470). 사회교리는 농업 등 1차 산업에 종사하는 토착민들의 권리에 관심을 갖기를 촉구한다(471). 이에 의하면 토착민들이 그들의 땅이나 자원과 맺고 있는 관계에 유의하여 토착민들이 잘 알고 보호해온 환경과 조화를 이루는 삶의 전형을 보호해주어야 한다(471). 국제적 연대는 개발도상국 국민들에게 유리한 무역정책을 장려하고 그들의 식량공급과 보건상태를 개선할 수 있도록 기술교류를 증진해야 한다. 이를 위해서 개도국 정치지도자들의 역할이 중요하다(476). 개도국은 잠재적 이익을 낼 수 있는 생명공학의 일부 분야가 저렴한 투자를 요구하고 있다는 것에 유의하여 그들 영토와 국민의 특성과 요구에 특별한 관심을 갖고 연구투자를 늘리고, 세심하게 위험을 관리하면서 공동선을 보호할 수 있는 국가 기관들을 설립하는 것이 유용하다(476). 생명공학 분야에 관여하고 있는 과학자들과 기술자들은 식량 공급이나 보건과 같은 심각하고 절박한 문제들에 대한 최선의 해결책을 찾아야 한다. 과학자들은 열정이 깃들고 정직한 양심이 이끄는 대로 연구에 집중해야 한다(477). 생명공학과 관련된 연구, 상품 판매에 참여하고 있는 기업가들과 공공기관 책임자들은 정당한 이익과 함께 공동선을 추구해야 한다. 공동선의 추구는 식량공급, 의학, 보건, 환경 관련 활동에서 특히 중요하며, 빈곤국들의 기아와 질병으로 야기되는 재난 극복에 힘씀으로써 생태계 보호와 함께 생명공학의 발전을 희망적인 방향으로 이끌어야 한다(478). 정치가들은 생명공학과 관련된 정확한 정보에 입각하여 여론을 조성하고 공동선을 고려한 정책을 결정해야 한다(479). 신중하고 객관적인 정보 수집과 제공을 통해 대중에게 올바른 판단력을 제공해야 한다(480). 환경위기와 빈곤은 재화의 보편적 목적이라는 사회교리의 원칙을 통해서 해결해야 한다(482). 헤아릴 수 없이 많은 가난한 사람들이 대도시 근교의 오염

지역이나 임시주거지 또는 허물어져 가는 위태로운 집들이 모여있는 대단위 밀집 지역(빈민굴, 변두리 판자촌, 히스패닉계 주거지역, 브라질의 빈민가 등)에 살고 있다. 이들에게 고통이 가중되지 않도록 다른 곳으로 이전시켜야 할 경우에는 사전에 적절한 정보를 제공하여 알맞은 주거지를 선택할 수 있게 해야 하며 직접적인 관련자들을 그 이주의 과정에 참여시켜야 한다(482). 이러한 규정은 인천에도 적용될 수 있는 도시재생 내지 도시 활성화 방안의 한 원칙으로 적용될 수 있을 것이다.

4) 자원과 재화의 공평한 분배

지상의 재화는 정의와 사랑의 관점에서 공평하게 분배되고 현명하게 사용되어야 한다(480). 이는 전 지구적 차원의 문제이므로 국제 협력의 필요성이 절실하다(481). 환경 위기와 빈곤이라는 재난을 예방하고 극복하기 위해서는 재화의 보편적 목적이라는 원칙을 통해서 해결해야 한다(482). 현재의 환경 위기는 가난한 지역과 국가들에게 부정적 영향을 크게 끼친다. 침식, 사막화, 무력충돌, 강제이민 등 온갖 자연적, 인위적 재난으로부터 자신을 보호해줄 특별한 경제적, 기술적 수단이 없는 사람들에게 재난은 큰 충격을 준다. 이를 고려하여 빈국과 개도국 등의 과중한 외채부담을 덜어주고 불공정한 국제무역의 관행을 시정하는 등 국제 연대와 협력을 강화할 필요가 있다(482~483). 인간 존엄의 원칙을 존중하면서 지속 가능한 환경 개발을 추진해야 한다(483). 일부 선진국에서는 출산율 저하, 인구의 노령화 등으로 인해서 인구와 이용가능한 자원의 불균등한 분배가 야기되고 있다. 인구 성장과 통합적인 공평한 개발은 전혀 모순적이지 않다(483). 인구정책은 종합적 개발전략의 일부분에 불과하기 때문이다. 모든 개발은 통합적이어야 하며 모든 사람과 인간 전체의 참된 선을 지향해야 한다(483). 재화의 보편적 목적이라는 원리는 물 자원의 효과적인 사용에도 적용되어야 한다(484). 물은 생명 유지에 필수적이므로 모든 사람은 물에 대한 권리가 있다. 특히 가난한 사람들의 요구를 만족시키는 것이 물 사용과 물 관련 시설이용의 지침이 되어야 한다. 안전한 식수를 충분히 마실 수 없다는 것은 무수한 사람들의 복지에 악영향을 미치며 질병, 고통, 분쟁, 빈곤, 심지어는 죽음의 원인이 되기도 한다(484). 물 문제의 해결은 생명의 가치와 인간 존중에 기초한 도덕적 기준에 따라야 한다(484). 물은 단순히 다른 많은 필수품 중의 하나로 취급되어서는 안 되며 공공의 선의 영역에 속한다. 따라서 물 분배는 인간 존엄에 토대를 두고 이루어져야 하므로 단순한 경제적 효용가치만 따져서는 안 된다. 안전하고 깨끗한 물 자원(식수)의 확보는 보편적이며 양도할 수 없는 권리이다.

5) 생태보존과 생활실천

환경 보호는 온 인류의 공통과제로서 공동선의 의무이기도 하다(466). 특히 아마존의 열대 밀림은 생물종의 다양성을 보존하고 산소를 만들어내는 지구인의 허파를 보호한다는 의미에서도 매우 큰 의미가 있다(466). 아마존 열대밀림을 파괴하는 것은 빈번한 산불, 급속한 사막화 등이 진행되는 일부 국가의 경우와 마찬가지로 잦은 홍수와 가뭄 등을 수반한 대규모 기후변화를 초래하고 환경 위기로 인한 농토파괴 등의 경제적 피혜까지도 몰고 온다는 점에서 인재요 동시에 자연 재난이다. 따라서 환경을 보존하고 건강한 생태를 유지하는 것은 자연 재난을 예방하는 길이기도 하다. 특별히 자연보호는 현세대가 미래세대를 위해서 물려주어야 할 인류공통의 유산이므로 개별 국가 차원이 아니라 전 지구 공동체의 책임이라고 할 수 있다(467). 효과적 환경 보호를 위해 일국 내에서는 법률적 차원에서 정비되어야 하며, 국제공동체가 환경에 부정적인 영향을 미치는 국가나 기업 등에 대해 효과적인 제재를 가하는 수단을 강구해야 한다(468). 동시에 각국 정부는 자국민들이 위험한 오염 물질이나 유독성 폐기물 등에 노출되지 않도록 안전을 보장해야 할 책임이 있다(468). 환경 보호를 위해서는 법 규정의 정비만으로는 부족하다. 사고방식과 생활양식의 실질적인 변화가 필요한 것이다(468). 각국의 환경운동 단체가 아나바다 운동과 같은 물자절약 운동과 자원낭비 방지, 대중교통 이용을 통한 자동차 탄소가스 배출의 억제 등을 그 효과적인 실천 방법으로 생각해볼 수 있을 것이다(486 참고). 이는 지상의 수많은 재난의 원인을 근절하고(=예방하고) 재난이 인간과 영토를 덮칠 때 신속히 대처할 수 있는 능력을 보장해 줄 것이다(486). 감사하고 존중하는 태도가 피조물에 대한 인간의 행동 양식이 되어야 한다(487). 이를 통해서 창조주의 신비를 드러내고 자연(피조물, 환경)과 소통하는 길을 마련할 수 있다. 자연(생태) 보호는 하느님의 창조와 구원의 신비로 들어가는 영역에 있고 하느님에 대한 증거를 드러내는 위대한 일이다(487).

4. 신협 교리 : 감염병 재난과 지역경제 활성화

신용협동조합은 가난한 서민들의 경제적 자립을 도와주는 지역공동체의 금융기관이라고 할 수 있다. 앞서 언급한 가톨릭 사회교리의 핵심 내용에는 이러한 신용협동조합의 성격에 부합하는 교회의 가르침을 개략적으로 밝혀주는 부분이 거의 다 포함되어 있다. 우선 4대 기본원리인 인간 존엄성, 공동선, 보조성, 연대성 등의 원리와 3대 실천원리인 재화의 보편목적, 책임과 참여, 가난한 이들에 대한 우선적 선택 등의 원리는 모두 신협 교리의 기본적 바탕을 이루고 있다. 이 중에서도 가난한 이들에 대한 우선적 선택과 연대성의 원리는 신용협동조합 운동의 핵심 논거가 되는 교리를 포함하고 있다고 할 수 있다.[9]

1) 역대 교황의 사회교리와 신용협동조합

사회교리의 시작이 된 **레오 13세**의「새로운 사태」(1891.5.15)는 산업혁명 이후 가난의 대물림으로 소외당한 노동자의 비참한 상황에 대한 연대의식에서 출발한 것이다.[10] 노동자 문제에 대한 레오 13세의 이 회칙은 노동자 계층을 포함한 가난한 이들에게 관심을 기울이는 교회상을 정립하는 교도권의 첫걸음이라고 평가된다.[11] 레오 13세는 이 회칙을 통해서

---

9 손석조,「한국 신용협동조합운동과 천주교회」,『가톨릭평론』 19호, 2019 : 이에 의하면, 협동생활 공동체는 성경의 가르침에 기본하고 있는데, 마태오 복음 25장 40절과 사도행전 2장 42~45절에 나오는 가난한 형제에 대한 관심과 구제, 공동소유의 삶 등이 바로 그것이라고 한다.

10 같은 글 ; 이에 따르면 "1891년 5월 15일 교종 레오 13세는 제국주의가 팽창하고 산업화 초기의 노동문제가 심화되어 마르크스주의가 출현하는 시기에,『새로운 사태』(노동 계급의 조건에 대한 회칙)를 발표하여 교회가 공식적으로 사회문제에 개입하여 노동자들을 보호하고자 하였다. '**자본은 노동 없이 있을 수 없고 노동은 자본 없이 있을 수가 없다**'라며 투쟁 없이도 계층 간의 화목은 가능하며, **부유한 자들은 폭력으로나 속임수로나 고리대금업의 방법으로든 노동자들의 보잘것없는 소득에 손해를 끼쳐서는 안 된다**고 강조했다.(14항)"라고 하였다.

11 이용훈,「사회 회칙에 나타난 '가난' 정신」,『정의의 느티나무 숲을 이루기 위하여』 제3부 제4장 제2절, 2005, 208~217쪽.

가난한 이들의 곤경에 깊은 애정과 동참을 표명하고 그들을 대신하여
강경한 항의를 제기하고 사회의 변화를 요청했다.[12]

교황 **비오** 11세의 교서 「사십주년(*Quadragesimo Anno*)」(1931.5.15)이 나
온 것은 레오 13세 교황의 「새로운 사태」 선언으로부터 꼭 40년이 지난
시점이었다. 이 회칙에서 비오 11세는 자유방임적(개인주의적) 자본주의
와 전체적(집단주의적) 사회주의 양자를 비판하면서, 가톨릭의 대안으로
협동조합체적 국가를 제시했다.[13] 이 선언은 적어도 교회가 협동조합의
정신을 공식적으로 인정하고 권장한 최초의 선언이라고 평가된다. 협동
조합은 자본주의의 성립, 발달 과정에서 발생한 빈부 격차, 실업, 저임금
등의 사회문제를 해결하기 위해 등장한 것으로서 경제적으로 가난하고
사회적으로 소외된 사람들이 뜻을 합쳐서 스스로의 처지를 개선하고 필
요를 충족시키기 위해 만든 경제조직이었다.[14] 비오 11세의 가르침을 성

---

12 이용훈, 앞의 글, 209쪽. ; 이에 따르면, "레오 13세는 경제 질서의 변화를 원했지만
그런 변화에 부응하는 정치적 활동을 승인할 준비는 되어있지 않았다. 그는 가톨릭인
들이 중대한 사회변화를 초래할 수 있는 강력하고 통일된 노동조합 안에서 다른 노동
자들과 단결하는 것을 원하지 않았다. 그의 영성은 가난한 이들이 자신의 권리를 주장
하기 위해 부자들과 대항하는 것을 적극적으로 단념시키는 것이었으며, 지상에서 불의
의 희생자가 된 자들에게 천국에서의 보상을 약속하고 있다."라고 서술한다.

13 손석조 앞의 글, 139쪽. ; 이용훈은 앞의 글에서 비오11세의 「사십주년」에서 "교회가
사회의 주요한 사회-정치적 주역이 되는 소명을 받고 있다는 점을 강조하고 있다."고
설명하였다.

14 '**협동조합**'은 1844년 영국 **로치데일공정선구자조합**(Rochidale Society of Equitable
Pioneers)에서 비롯된다. 이후 영국에서는 초창기에 주로 노동자의 생활상태 개선을
위한 **소비자 협동조합**의 형태가 많았으며, 영국에 비해 자본주의가 확립되지 못했던
프랑스에서는 산업혁명을 치르기 위해 중소 수공업을 근대적 공장제공업으로 개편하
기 위한 **생산자 조합** 설립에 먼저 착수하였다. 이에 비해 **독일에서는 도시산업과 농촌
농업의 생산력 증대에 무엇보다 시급한 것이 고리대를 추방하고 이자율이 낮은 자금을
공급하는데 있다고 판단하고 신용조합을 결성하고 보급하는 데서 출발하였다.** 『한국
민족문화대백과사전』 「협동조합」.

공적으로 실천한 사례가 1930년대 캐나다 노바스코시아주의 안티고니시(Antigonish) 운동이다.[15] 이 운동이 한국의 신용협동조합을 비롯하여 아시아, 아프리카, 중남미 등 개발도상국가 지역사회개발 모델로 널리 전파되어 신협 발전에 기여했다.[16]

교황 **요한** 23세는 1961년 5월 15일 회칙 「어머니와 교사(*Mater et Magistra*)」를 발표했다. 이 회칙을 통하여, 요한 23세는 두 차례의 세계대전을 거치면서 제국주의로부터 해방된 많은 신생국들이 탄생한 이후 동서냉전체제 형성, 도시 및 제조업 중심의 경제발전 정책으로 인하여 농촌 빈곤, 빈부 격차 등의 문제에 직면하였으므로 인간의 존엄성에 더 합치되고 인간의 책임을 고무시키기 위해서 협동조합을 강조했다(84항).[17] 이에 천주교회에서는 가톨릭노동청년회와 가톨릭농민회 등 현장 단체가 구성되고 이들이 농촌 신협 및 협업농장 등을 추진했다.

교황 **요한 바오로** 2세는 1991년 5월 1일 「백주년(*Centesimus Annus*)」을 선포하여 「새로운 사태」 선언 이후 그간의 광범위한 사회변화를 언급하면서 생산협동조합, 소비자협동조합, 신용협동조합 등에 대한 언급을 했다.

교황 **프란치스코**는 2013년 11월 24일 권고 「복음의 기쁨(*Evangelii Gaudium*)」을 통하여 "봉사하지 않고 지배하는 금융 제도는 안 된다"[57~58항]고 하면서 가난한 이들에 대한 사회통합 차원에서 포용 경제를 실현할 것을 강조했다.

---

15 손석조 앞의 글, 139쪽. ; 이에 의하면, "이 운동은 안티고니시에 있는 성프란치스코하비에르대학교 교수인 **톰킨스**(James Thomkins) **신부와 코디**(M.Coady) **신부가 주도한** '**성인교육**'과 '**협동조합**'을 **통한 지역사회 개발운동**이다."라고 하였다.

16 같은 곳.

17 같은 곳. 이하 제2차 바티칸 공의회 선언, 요한 바오로 2세와 프란치스코 교황의 선언 모두 손석조의 앞의 글을 인용하였다.

이상에서 살펴본 바와 같이 1891년부터 2021년 현재까지, 레오 13세부터 프란치스코까지 역대 교황들은 성경의 가르침에 근거하고 시대의 변화 상황에 조응하여 가난한 이들에 대한 적극적 관심을 갖고 형제애적 사랑을 베풀 것을 역설했다. 이러한 교황의 가르침들은 사회교리를 통하여 체계화되고 있다.

2) 기존 사회교리를 통해 본 신협의 논거

이하에서 신용협동조합 운동에 해당되는 사회교리에 나오는 가난한 이들에 대한 우선적 선택 및 연대성의 원리와 관련된 교리와 금융에 대한 인식과 가르침 등을 차례로 살펴본다.

가. 형제적 연대

사회교리에서는 구약성경을 인용하면서 가난한 이들을 향한 사기와 고리대금업, 착취와 불의 등을 단죄한다. 그러면서 억압받는 이들, 약한 이들, 궁핍한 이들에게 닥친 가난은 극복해야 할 부정적인 상황으로 인식하면서도 종교적으로는 겸손과 신뢰에 바탕을 둔 신앙인의 자세로 규정하기도 한다(323~324). 신약성경에서 예수는 정의와 형제애, 연대와 나눔 안에서 가난한 이들에게 정의를 베풀고, 억압받는 이들을 해방시키며, 고통받는 이들을 위로하였다(325)고 하면서 가난한 이들에 대한 형제애적 관심을 촉구했다. 또 물질적 가난에 대한 적절한 해결책을 제시하고 가장 연약한 이들이 비참한 노예 상태에서 벗어나는데 방해하지 않아야 한다(325)고 하면서 가난한 이들에 대한 연대를 강조한다. 한편 경제활동과 물질적 진보는 인간과 사회에 이바지하여야 한다(326)고 규정하고 신자들이 신망애의 삼덕을 바탕으로 헌신한다면 경제와 진보도 구원과 성화의 자리로 변할 수 있다(326)고 하여 물질적 진보에 바탕을 둔 사랑과 연대를 강조하였다.

나. 재화의 나눔

합법적으로 소유하고 있는 부(富, 재화)라고 하더라도 언제나 보편적 목적을 지닌다(328)라고 하면서 모든 형태의 부정 축재는 창조주가 모든 재화에 부여한 보편적 목적에 공공연히 위배되므로 부도덕하다(328)고 규정하면서, 가난한 이들에 대한 재화(물질)의 나눔을 통해서만 재화의 보편적 목적에 합치될 수 있음을 강조했다. 사회교리는 부는 타인과 사회에 유익하게 쓰일 때 인간에게 봉사하는 기능을 수행할 수 있다(328)고 하면서 부는 그것을 소유한 사람이 사용하는 것이지만 가난한 이들도 누릴 수 있도록 순환시켜야 한다(328)고 하여 가난한 이에 대한 연대와 나눔의 중요성을 역설했다. 또한 부자는 자신이 소유한 재화의 관리자에 불과하므로 가난한 이들에게 필요한 것을 겸손하게 나누어 주는 일을 수행해야 한다(328)고 가르친다. 이는 모두 물질적 재부를 축적한 이(부자)가 자신을 스스로 부의 소유자가 아닌 관리자로 인식하고, 가난한 이들에 대한 우선적 관심에 기초하고 형제적 연대에 입각하여, 겸손되이 가난한 이들에게 자신의 재화를 나누어 주기(자선과 애긍)에 힘쓸 것을 강조하는 말들이다.

다. 착한 금융

금융에 대한 교회의 가르침은 주로 고리대에 대한 질타와 비판에 집중되어 있다. 이는 그만큼 고리대가 가난한 이들을 궁핍의 굴레에서 벗어나지 못하게 하는 중대 죄악임을 지적하는 말이다. 사회교리는 "경제 금융 활동에서 정당한 이윤 추구는 용납되지만, 고리대금업에 의존하는 것은 도덕적으로 비난 받아야 한다(341)."고 하였다. 또 부당할 뿐 아니라 폭리를 추구하는 금융제도로 고통을 받는 저개발국의 상황을 초래한 선진국들에 대해서도 비판하면서, "고리대금업은 우리시대에도 실제로 일어나고 있으며 많은 민족들의 삶을 저해하는 재앙"이라고 표현하여(341) 도덕적 단죄의 대상이 됨을 분명히 하였다. 사회교리는 고리대로 인한 가난한 사람들의 '대물림하는 가난', '일생 굴레에서 벗어나지 못하는 가난', '가난의 노예 상태' 등을 초래한 고리대의 해악성을 인간이 만든 재난이라고 규정했다. 따라서 이러한 사회교리의 입장에서 볼 때, 현재 지역공동체에서 가난한 중소상인들과 자영업자들의 자립을 도와주는 신용협동조합은 이러한 재난을 예방하고 그 재난에서 속히 벗어나도록 도와주는 착한 사회운동임을 알 수 있다. 신용협동조합에 참여하는 모든 관계자들에게 참으로 힘이 되는 든든한 가르침이면서 세속적 부의 축적과 규모의 성장에만 관심을 갖는 일부 잘못된 신협들에 대한 경고의 메시지로도 해석할 수 있겠다.

5. 인천 가톨릭 사회운동과 지역공동체의 활성화

이상에서 살펴본 바와 같이 가톨릭 사회교리는 신구약 성경의 가르침에 입각하여 창조주의 모상대로 탄생한 인간에 대한 존중을 그 바탕으로 하면서, 가난하고 소외된 사회적 약자에 대한 형제애적 연대의 원리, 자생적 소공동체에 대한 지역, 국가 차원의 보호와 지원, 관심을 촉구하는 보조성의 원리, 인간 사회 전체에 대한 공적 이익을 강조하는 공동선의 원리 등에 입각하고 있음을 알 수 있다. 또 이러한 4대 기본원리를 행동으로 옮기는 실천원리로 재화의 보편적 목적(=나눔), 책임과 참여(=공동체), 가난한 이들을 위한 우선적 선택(=약자 보호) 등의 원칙이 현재 진행 중인 가톨릭 사회운동의 기본적 가르침이 된다는 사실을 확인할 수 있었다.

　노동에 대한 사회교리는 인간이 주체로서 그 존엄을 충실히 인정받으면서 도구인 객체로 몰리지 않아야 함을 강조한다. 그러므로 이러한 노동교리는 산업현장에서 노동자의 생명이 안전하게 보호받는 최대한의 안전수칙과 적절한 휴식 등을 규정하면서, 사용자(자본가)와의 관계에서도 노동자가 우선적, 인격적으로 대접받는 가운데, 계급투쟁보다는 노자가 상호협조하는 체제로 나아가길 권고한다. 이는 살림공동체의 기본정신에 부합된다. 그리하여 노동자 개인은 물론이고 그와 함께 하는 가족이 공동체로서 최소한의 의식주 삶을 영위해 나가는 데 필요한 최소한의 임금을 보장받고, 여성과 어린이, 이민자 등 사회적으로 약자에 속한 이들에 대한 정당한 권리와 함께, 보다 세심한 배려와 보살핌도 규정하고 있다. 이러한 노동교리는 산업현장에서의 재해를 효과적으로 예방해주고 지역공동체의 기본구성요소가 되는 가족공동체의 건강성을 보존하여, 출산율 급감, 급속한 노령화 등 현재 진행되고 있는 사회적 재난으로부터 속히 탈출하는 데 필요한 조건들을 제시하고 있다.

　환경에 대한 사회교리는 창조질서를 보존하는 생태관 및 이를 인간존중의 원칙과 부합되게 하는 자연과 인간의 조화와 공존을 추구하면서,

이를 실현할 자연친화적 개발을 추진하는 것 등을 그 골자로 한다. 그러므로 사회교리는 피조물인 자연에 대한 지나친 존경과 숭배에 입각한 생태중심주의나 생물중심주의를 배격하면서, 동시에 자연을 무절제하게 착취하고 약탈하려는 입장인 환원주의나 기계론적 공리주의도 동시에 배격한다. 자연과 인간의 공존과 조화를 추구하는 입장에서 친환경적 개발은 지속가능한 발전을 보장하게 되는데, 각 국가 정치지도자들은 물론 국제적 협력을 통해서 자원의 낭비를 막고 오염원의 배출을 줄이는 정책들을 펼쳐나가면서, 동시에 각 지역공동체의 구성원들도 아나바다운동 등을 통하여 친환경적 생활을 실천해나갈 것을 권고한다. 또한 깨끗한 환경은 현시대만이 아니라 미래 세대에게 물려줄 유산임을 명시하여 생명공학 등 각종 과학기술의 발전을 효과적으로 활용하되, 엄격한 윤리기준에 입각하여 인간의 도덕적 품위를 준수하고 선진국과 개도국 간의 기술 이전과 지식의 교류를 활성화하여 정의에 입각한 공평한 자원의 분배가 이루어질 것을 지향한다. 사회교리는 무절제한 개발로 인한 각종 자연재해를 방지하고 각 지역공동체에 효과적인 자원의 재분배를 추구한다는 점에서 재난 예방 및 도시재생을 통한 살림공동체 활성화에 필요한 내용들을 골고루 갖추고 있다.

신용협동조합에 대한 사회교리는 별도로 정리된 바가 없어서 아직 체계화되어 있지 않다. 그러나 성경의 가르침에 입각하여 가난한 이웃에 대한 형제애적 연대를 실천하면서, 금융의 기능을 지역 내 주민들의 자활, 자립을 도와줄 것을 규정한다. 또 자본주의와 사회주의의 폐단을 시정하고 장점을 취한 협동조합의 유용함을 명시하여, 신용협동조합이야말로 서민들을 위한 아낌없는 금융지원으로 지역공동체의 경제적 안정과 활성화를 도모하고 있음을 알 수 있게 해준다. 동시에 고리대와 같은 폭리와 착취를 비인간적인 폭력과 재앙으로 단죄하면서 현재도 진행 중인 고리대로부터의 탈출, 즉 서민경제의 파산과 대량 실업이라는 재난을 예방하고 그 굴레에서 해방되도록 도와주는 서민지원 금융기관인 신협의 중요성을 깨닫게 해준다. 레오 13세로부터 시작하여 프란치스코 교황에 이르기까지 역대 교황들의 각종 회칙과 권고들은 가난한 이들에 대한 형제적 연대의 중요성과 이를 통한 가정공동체 나아가 지역공동체의 안정과 활성화를 통해 궁극적으로는 '좋은 삶'을 목표로 하는 살림공동체를 지향하고 있음을 알 수 있다.

인천의 가톨릭 사회운동은 노동, 환경, 신협뿐만 아니라 사회 각 분야의 다양한 영역에서 추진되어 오고 있다. 가톨릭 사회교리는 이러한 운동들의 추진동력이 되면서 그 방향을 결정해주면서 사회운동의 활성화를 통하여, 각종 재난을 예방, 극복하고 지역공동체의 내적 회복력을 강화하여 건강하고 지속가능한 살림공동체를 만들어가는 소중한 가르침이라 할 수 있다.

2장

|

천주교 인천교구 노동운동과 지역공동체

한상욱

1. 들어가며

60년대 한국사회는 개발독재에 의한 산업화가 추진되는 시기였다. 반공이데올로기를 앞세운 군사정권의 억압적 노동정책과 자본의 착취가 노동현장을 지배하면서 노동운동의 정상적 발전은 어려웠다.

이러한 시대적 상황에서 가톨릭교회의 가톨릭 노동청년회(JOC)[1]는 국제 가톨릭 노동운동으로 출발하여 1958년 한국에 도입되었다.

인천은 일제강점기부터 개항된 도시로 항만과 철도 등의 기간시설이 구축되어 있어 산업화가 빠르게 이루어진 노동자 밀집 도시였다. 인천은

---

1 JOC는 불어로 'Jeunesse Ouvriere Chretienne'의 약자이다. JOC 운동의 원리는 관찰, 판단, 실천의 방법에 따라 청년 노동자의 운동, 청년 노동자를 대변하는 대표운동, 대중운동, 양성운동, 봉사운동, 전교운동, 국제운동 등 7가지 운동을 통해 노동자의 권익을 옹호하는 활동을 말한다.

60년대 후반부터 70년대에 이르기까지 부평. 주안 등 대규모 국가 산업 단지가 들어섰다. 산업화 초기 이농으로 전국 각지의 노동자들이 공단을 찾아 모여들면서 인천은 대표적 노동도시로 그 성격이 강화되었다.

인천교구 역시 이러한 도시적 특성에 따라 가톨릭 노동청년회 활동이 활발하게 이루어졌다. 인천교구의 가톨릭 노동청년회가 처음 생긴 곳은 화수동 성당으로 1964년 11월에 발족 되었다. 화수동은 인근에 항만을 중심으로 공장지대로 기계, 섬유, 제분, 목재 등의 산업이 집중적으로 모여있는 노동자들이 가장 많이 사는 공간이었다.

이 글은 60년대 중반부터 시작된 인천교구 가톨릭 노동청년회와 70년 대 중반 이후 인천지역의 부평.주안.부천의 공단지역에서 시작된 가톨릭 노동사목의 활동을 중심으로 그 역사성을 밝히는데 첫 번째 의미가 있 다. 가톨릭 노동운동을 이해하기 위해 가톨릭 노동청년회가 시작된 배경 과 이념, 활동과 조직체계 등 그 특징을을 먼저 살펴보고자 한다. 이러한 이유는 가톨릭 노동청년회는 1925년 서구 자본주의가 혼란한 과정을 겪 으면서 교회 노동자를 중심으로 일어난 전 세계 노동자의 국제운동이다. 이러한 경험은 60년대 한국사회의 산업화 초기, 노동권이 제대로 보장되 지 못하는 상황에서 한국사회에 수용되고 노동 대중운동으로 정착하게 된다.

인천교구 가톨릭 노동청년회는 65년 전국 교구에서 처음으로 강화지 역의 권력과 자본에 대항하면서 가톨릭 노동운동의 서막을 알리게 되었 다. '강화직물 노동자 사건'[2]은 가톨릭교회의 연대를 통해 노동문제에 처

2　'강화직물노동자 사건'은 67년 5월 심도직물 노동조합이 결성되고 2년여에 걸친 노자 의 갈등과 대립외에도 강화직물업자의 강화성당 JOC 회원에 대한 해고와 채용거부 등으로 확산되었다. 심도직물 외에도 상호직물. 이화직물 등 지역 직물 사업장의 노동

음으로 개입하게 되면서 이후 가톨릭 노동청년회는 노동운동에 적극적으로 나서는 계기가 되었다.

두 번째로 70~80년대 인천교구의 가톨릭 노동사목의 생성과 가톨릭 노동청년회 활동 과정을 통해 지역 노동문제에 어떻게 개입하였는지, 그리고 90년대 이후 가톨릭 노동운동의 전개 과정을 간략하게 살펴볼 것이다. 가톨릭 노동운동은 노동현장의 활동을 넘어서 지역공동체 형성과 연대과정을 시대적으로 보여주고자 한다.

마지막으로 현재의 노동운동에 대한 진단과 다가올 미래의 노동운동의 방향에 대한 문제 인식을 서술하고자 한다. 노동운동은 과거 경험의 축적과 계승, 비판적 성찰을 통해 더 나은 노동대중의 미래를 향해 나아가야 한다. 가톨릭 노동운동과 노동운동이 과거, 혹은 현재에 머문다면 미래는 없다. 자본주의 사회는 통제 불능의 '위험사회'로 가고 있다. 기후위기와 팬데믹, 4차 산업혁명으로 격변하는 사회에서 노동운동 역시 자기 성찰과 미래에 대한 통찰력이 필요한 때이다.

2. 가톨릭 노동운동의 출발

1) '노동헌장'과 노동인권

> "노동자들은 기계도, 동물도 아니다. 하느님의 모습을 닮은 존귀한 인간이다."   −까르딘−

문제로 확대되었고 실제 상호직물에서 단식과 혈서 등 파업과 투쟁이 이루어졌다는 점에서 '강화직물노동자' 전체의 문제로 인식하는 것이 중요하다.

가톨릭교회가 노동문제에 구체적인 관심을 가지게 된 것은 19세기 말 자본주의 등장 이후 산업사회 노동자들이 겪는 장시간 노동, 아동노동착취, 낮은 임금 등 심각한 노동 현실에서 출발한다.

1848년 Marx의 〈공산당선언〉 이후 유럽사회를 뒤흔든 사회주의 운동으로 많은 노동자들이 교회를 떠나게 되었다. 반교회주의가 득세하고 교회에 대한 비판의 목소리가 높아지자 레오 13세는 1891년 레룸노바룸(Rerum Novarum, 노동헌장)[3] 회칙을 발표하였다. '노동헌장'은 '인간 존엄성의 권리(14항), 과중한 노동으로부터 휴식의 권리와 여성, 연소자에 대한 강제노동금지(30항), 정당한 임금을 받을 권리(32항), 노동조합을 결성할 권리(34항), 파업의 권리(29항)' 등 노동자의 보편적 권리로 밝히고 국가는 사회의 '공동선(common good)과 분배정의'를 실현해야 할 의무가 있음을 강조하면서 이후 가톨릭 노동운동의 기준이 되었고 노동헌장은 세계 각국의 근로기준법 제정의 기초가 되었다.

그러나 '노동헌장'은 교회의 노동관을 제시했다는 긍정적 의미를 지니고 있었지만 노동현장의 구체적 변화와 실천적 행위로 이어지지 못하는 한계를 지니고 있었다. 이러한 한계를 넘어선 것은 벨기에 브뤼셀 도시의 한 사제인 까르딘[4]으로부터 시작되었다.

---

3 레룸노바룸(Rerum Novarum)은 1891년 교황 레오 13세가 발표한 사회문제에 관한 회칙(回勅)이다. 이 회칙은 노동자의 비참한 현실을 개선하기 위해 국가와 자본, 노동의 협력적 관계를 강조하면서 자본주의적 자유주의와 사회주의 사이의 이념적 분쟁의 해결을 도모하였다. 교회의 노동관은 이후 사십주년(1931), 어머니와 교사(1961), 지상의 평화(1963), 사목헌장(1965) 등 점차적으로 노동자의 권리를 확장하면서 발전하게 된다(한국천주교중앙협의회, 1994:950).

4 까르딘 추기경(Joseph Cardijn : 1882~1967) : 1982년 노동자의 아들로 태어나 1906년 사제품을 받았으며 루뱅 대학에서 정치학과 사회학을 공부하였다. 제1차 세계대전 중 전쟁 반대 운동으로 독일군에 체포되어 감옥 생활을 하였다. 1942년 제2차 세계대전

2) 까르딘 사상과 가톨릭 노동청년회(JOC) 운동

"공장에서 나오는 상품은 화려하지만 그 상품을 만드는 노동자는 걸레
가 되어 나온다"
-까르딘-

까르딘은 1906년 루벵 대학의 정치경제학 교수인 빅토르 브란쯔(Victor
Brans) 교수의 지도를 받으면서 공장방문과 노동현실에 대한 '조사방법'
을 익히게 되었다. 까르딘은 루벵 대학의 '가톨릭 사회학 회보'에 발표한
「독일의 가내공업」 주제 논문을 통해 여성 직조공의 문제와 어린이 노동
착취에 관한 노동현실을 묘사하였다(오기백, 1997:109). 그리고 프랑스,
독일, 영국 등을 방문하고 그 지역의 노동문제를 접하고 노동자 조직을
만들기 위한 연구를 하였다. 특히 까르딘은 영국의 부두노동자의 지도자
인 벤 틸럿드(Ben Tillet)를 만나서 세계 노동자의 연대와 단결, 조직활동
과 노동자 개개인의 인간교육, 지도자 훈련 등에 관한 영감을 얻었다(오
기백, 1997:110). 1912년, 까르딘이 부임한 브뤼셀의 라컨(laeken)본당은
90%의 신자들이 낮은 임금을 받는 노동자들이었으며 까르딘은 노동자
모임을 통해 초기 JOC 이념을 만들어가게 된다(로저 오베르, 1990: 35).

까르딘에게 JOC 운동은 교회의 전략이나 설계를 위한 도구가 아니었
다(H.Pawlowski, 1983:23). 그의 중요한 관심사는 노동자 계급의 해방이

중 독일 게슈타포에 의해 체포 되어 또다시 수감생활을 하였으며 JOC 회원과 레지스탕
스 지하운동에 참여하였다.
1957년 JOC 제1차 국제평의회는 90여 개국이 참여한 가운데 로마에서 열렸으며 62년
당시 전 세계 400만 명에 달하는 거대한 국제 가톨릭노동자 액션조직으로 성장하였으
며 1965년 1월, 교황바오로 6세에 의해 추기경으로 임명되었다. 그는 20세기 초 가톨릭
노동운동의 기초와 방법론을 제시하고 JOC를 노동자 대중운동으로 정착시키며 교회
의 노동자들에게 '노동자의 아버지'로 불렸다.

요, 복음의 광명 속에서 노동과 유대를 통한 자기실현이었다(정병도, 1988: 22).

까르딘은 공장지역이 있는 본당에서 노동자들과 소모임 활동을 하면서 1910~20년대에 '지역노동조합', '여성노동조합', '청년노동조합' 등을 만들었다. 이러한 활동 경험을 바탕으로 1924년 4월, '가톨릭 노동청년회'를 조직하고 1925년, 교황 비오 11세의 인준을 통해 가톨릭 노동청년회(JOC)는 교회의 국제조직으로 인정받았다

까르딘은 Marx의 계급이념에 대해서도 유연한 사고를 가지고 있었다. 가톨릭 교리에 구애받지 않고 미혼모와 세례를 받지 않은 청년, 사회주의 청년 노조원도 회원으로 받아들였다. 까르딘은 1차 세계대전 동안 반(反)독일 활동을 이유로 감옥에 있으면서 마르크스의 자본론을 읽으면서 산업혁명과 프롤레타리아의 출현, 자본주의의 문제, 자본주의와 마르크시스트 유물론의 입장들을 연구하였다(로저 오베르, 1990:162).

> 반공만으로는 노동계급을 구제하거나 대중을 교회로 돌이키는데 부족하다. 마르크스주의에도 유념할만하고 또 우리가 미쳐 충분히 고려하지 않은 진리의 요소가 하나 있다. 그것은 마르크스가 노동계급에게 구세적 사명, 즉 메시아적 운명을 부여했다는 사실이다. 여기에 마르크스주의 힘이 있다. 교황은 공산주의에 관한 회칙의 부정적인 입장에 치중한 나머지 긍정적인 면을 간과하고 있다(로저 오베르, 1990:35).

까르딘은 JOC를 교회 내의 신심단체가 아닌 가톨릭 액션단체로 활동 목적을 두었으며 계급투쟁의 도구가 아닌 '노동자의 인간화'에 방점을 두었다. 그는 가톨릭 노동자들의 일상생활과 노동현장에서의 활동 방법을 '관찰 – 판단 – 실천'이라는 단순하면서도 대중적인 방식으로 요약하

였다. 까르딘은 JOC 조직에서 노동자의 '자율성'을 무엇보다도 강조하였다. JOC는 노동자 스스로의 힘에 움직이는 노동단체가 되어야 한다는 확신을 가졌으며 교회의 봉건적 관점과 지배에 대해서는 반대하였다. 이러한 그의 주장은 교회의 분열을 조장하고 위계를 깨뜨린다는 비난에 직면하게 된다. 그러나 까르딘은 JOC 운동은 노동자에 의한 노동자 운동으로 누구도 대신할 수 없으며 반드시 노동자들의 자율적 운동임을 강조하였다.

> 그것은 반드시 그들의 운동이자 그들의 책임이 되어야 한다. 이 조직이 노동자들에게 지속되는 것일수록 그만큼 더 노동자들에게 더 밀착되고, 노동자들에게 적합하고, 노동자들의 필요와 열망을 보다 훌륭하게 표현하고, 노동자의 언어로 이야기하고, 노동자들의 이상을 성취하여야 한다 (조셉까르딘, 1982:10).

> 이 점에는 한 치도 양보하지 마시오. 정말 자발적인 노동조합, 청년들 자신의 노동조합이 되어가고 있는 중이오. 그것을 결코 길드나 신심단체여서는 안되오. 이 점에는 경계를 다하시오. 이점에 있어서는 과격하리만큼 철저히 해야 하오(로저 오베르, 1990:53).

3) JOC 운동의 이념

"혁명은 일으키는 것이 아니라 우리 자신이 곧 혁명이다." -까르딘-

JOC의 이념과 국제운동으로의 기초를 닦은 '까르딘' 신부는 1956년 '먼저 찾아라'(Quaerite Primum) 팸플릿에서 JOC 운동을 '청년 노동자의, 청년노동자에 의한, 청년 노동자를 위한' 운동임을 정의하고 있다. 까르딘은 자본주의 체제가 가지는 모순을 간파하고 있었으며 이러한 제도적 문제를 해결하기 위해서는 '노동자 가치관의 형성, 내적인 변화'가 가장 먼저 이루어져야 한다고 보았다. 그리고 노동자 개인의 변화가 노동대중의 변화, 제도의 변화로 이어지면서 최종적으로 사회의 변화로 이어질 수 있다는 확신을 가졌다.

> (각 나라에서) 비참한 밑바닥의 노동계급을 보게 된다. 인류의 1/4은 더욱더 부유해지고, 나머지 3/4은 더욱더 가난해진다. 바로 이것이 모순이다. 모든 곳에서 해결책은 추구되었다. 노동시간의 단축, 산재방지, 임금인상, 더 많은 여가생활 등과 같은 언제나 외적인 해결책이었다. 외적인 변화를 발생시키기 위한 내적인 변화, 즉 인격적인 변화(...) 인생관의 변화가 있어야 한다.[5]

JOC 운동은 1927년 이후 프랑스, 캐나다, 영국, 독일, 미국 등으로 퍼져나갔으며 1957년 제1차 국제평의회에는 세계 90여 개국이 참여하였다. 한국 JOC는 61년 브라질 리우데자네이루 국제회의에 처음으로 참석하였다.

JOC 이념은 구성원들의 정체성을 강조하기 위해 조이시즘(Joicism)[6]으로 표현된다. 조이시즘은 JOC 운동의 대상을 '비천한 노동자, 사무원, 점원, 식모, 광부, 직공은 종교나 인종의 구분 없이 모든 노동자'로 규정

---

5 '먼저 찾아라'는 1956년 4월 3일, 영국 JOC지도신부 전국모임에서 한 연설로 까르딘 추기경은 세계 75개국 노동청년에 대한 국제조사 보고서를 축하하는 내용을 포함하고 있다.

6 Joicism은 JOC +ism의 합성어로 JOC 정신, 이념과 정체성을 함축하여 표현하는 의미로 사용하고 있다.

하며 노동자는 그 자체로 '인격적 주체'로 존중받아야 할 권리가 있다는 것을 강조하였다. 조이시즘은 이 세계가 '노동 없이는 인류, 종교, 문화도 존재하지 않으며 노동의 사명은 착취와 프롤레타리아를 구출하고 정의와 공명에 입각한 노동의 존재 방식을 요구하는 것'으로 정의하고 있다. '조이시즘'은 경제와 사상이 이루어 놓는 제도나 체제(자본주의, 경제자유주의)의 세력 앞에서 청년 노동자의 무력함, 냉담, 무관심, 실존주의, 민족주의, 공산주의 등으로부터 근본적인 해결법을 청년 노동자에게 제시하려는 것을 말한다. 기존 노동운동이 주로 계급이념을 통한 사회구조의 변화를 먼저 강조하는 입장이라면 '조이시즘'은 노동자 일상에서 개인, 사회구조의 변화를 강조하였다.

까르딘에게 가톨릭 노동운동은 '노동하는 주체'에 대한 '인격성'을 강조하고 이데올로기를 넘어선 인간에 대한 관심, 휴머니티(humanity)를 중요한 가치로 삼았다.

> 우리의 관심은 사회주의도 공산주의도 아니고 노동청년들의 영혼이며 그들의 운명이다. 남녀 견습공(노동자)의 영혼 역시 백만장자 자녀의 영혼에 못지않게 고귀하다(JOC, 19**a).

4) JOC 소모임의 특징

JOC 소모임은 '노동자로서의 사명과 책임, 임원과 회원들의 훈련을 통해 지도자로 양성하는 것'에 그 목적을 두고 있다. '소모임'의 특징은 주로 노동자의 생활세계[7]에 기반을 두고 있으며 매주 정형화된 교재를

7 　신광영은 노동자에게 있어'생활세계란 개인이나 집단의 생활경험이 이루어지는 영역

통해 모임을 진행한다. 소모임의 내용은 노동현장과 연결된 성서연구와 사회조사, 생활보고와 토론의 순서로 진행되었다. 소모임 운영은 참여자들의 일상과 현장에서 벌어지는 상황에 대하여 관찰-판단-실천의 결과를 보고하고 공유하는 방식으로 진행된다. 소모임의 주제는 노동자 일상에서 출발하여 노동현장의 변화, 사회구조적 변화로 이어지는 방향을 가지고 있다. 소모임에서 처음 다루는 주제는 노동자 개개인의 일상생활에서 출발한다. 예를 들면 일터에서 동료와의 우정, 인간관계, 가정생활, 이성교제, 여가선용, 결혼문제, 휴식, 오락, 담화, 이향 노동자의 생활문제, 수입과 지출, 저축 등 노동자의 생활세계에 관한 다양한 주제를 다룬다. 그리고 노동의 가치, 임금, 근로기준법, 노조법, 노조활동 등에 관한 소모임 활동을 통해 노동자의 계급적 자각을 깨닫게 하였다. JOC 소모임의 노동교육은 '새로운 인간을 개발하고 새로운 노동사회를 건설하는 것, 생활을 통한 교육, 경험 나누기, 질문을 통한 교육, 노동자와 자신을 위한 교육, 사회적, 정치적, 문화적, 경제적 측면을 분석하는 교육에 그 중심을 두었다. 이러한 교육은 각 지역과 전국조직에서 간부들이 참여하는 훈련회. 연구회, 노동자 교실, 교양강의 등 정형화된 형식과 내용을 가지고 진행되었으며 노동조합과 관련한 교육 역시 병행되었다(JOC, 1978a).

까르딘은 이러한 소모임을 '각자가 서로를 알고 이야기를 나누는 것을 두려워 하지 않는 소규모 공동체'라고 규정하였다(JOC, 19**a).

으로 사회적, 정치적, 문화적, 경제적 요소를 포함하는 경험의 총체를 구성하며 생산과 소비, 여가와 휴식, 양육과 훈육 등 다양한 요소로 구성되어 있다(신광영, 2006: 25-26)'고 설명하고 있다. 마찬가지로 JOC의 소모임 활동은 노동자 각 개인과 일상에서 부딪히는 다양한 사회적 관계와 개인의 경험을 총체적으로 다루고 있다.

소모임은 노동자들의 기층조직으로 이러한 힘은 노조운동의 원동력이 될 수 있었다. JOC의 소모임은 노동자 5~7명이 모인 팀(Team)으로 구성되며 팀이 3~4개의 모이면 쎅션(Section)이라고 하였다. 그리고 쎅션의 연합체인 교구연합회, 각 교구 연합회의 모임인 전국연합회로 단일한 조직체계로 이루어졌다. 이러한 활동 방법은 노동자 의식화의 중요한 교육과 조직화 방법으로 주목받게 되었으며 가톨릭 노동운동의 원형이 되었다. JOC 팀 모임은 매주 1회씩 정기적으로 진행하며 매주 열리는 소모임에서 회원들은 관찰-판단-실천의 방법에 따라 현장 활동을 보고하고 공유하였다. 그리고 이러한 방법론에 따라 '개인 활동 보고서'를 작성하였다.

특히 노동자들이 주체가 되어 노동현장을 구체적으로 파악하기 위한 '사회조사' 방법을 소모임의 주제로 삼았다는 것은 가톨릭 노동운동이 사회과학적 방법론에 바탕을 둔 운동임을 잘 보여주고 있다. 이는 다양한 노동계급의 처지와 조건을 객관적으로 바라보고 이를 노동문제로 여론화하면서 이후 가톨릭 노동운동이 대중 운동으로 뿌리 내리는 데 중요한 역할을 하였다. '사회조사'의 내용은 공장실태 조사 혹은 미개척지에 대한 조사, 노동자 밀집지역, 노동환경에 관한 조사로 확대되고 이러한 토대 위에 활동방향을 수립하였다. 실제 이러한 조사 방법으로 전국의 각 공단, 부두, 탄광 노동자, 실업노동자 등에 관한 조사가 이루어지면서 가톨릭 노동운동은 지역 차원을 넘어서 전국적 노동운동의 주체가 되었다.

JOC의 소모임 활동은 산업선교의 소모임 운동에도 영향을 주었다. 개신교의 산업선교 조직 중에서 활발한 지역이었던 인천 산선은 인천교구 JOC 조직과 연합활동을 하였으며 가톨릭의 사제가 각 공장의 기독

〈그림 1〉 JOC 활동을 위한 팸플릿
(출처 : 민주화운동기념사업회 아카이브)

노동자를 모아 소모임 활동을 시작하기도 하였다(장숙경, 2009, 77쪽). 실제 JOC 소모임 활동은 70~80년대 개별 사업장의 노동 소모임의 형식으로 발전하면서 민주노조운동의 토대가 되었다.

5) JOC 조직 체계와 운영방법

JOC의 회원이 되는 과정은 일정한 기간 동안 교육을 이수해야 자격이 주어지는 엄격한 통과의례를 가지고 있다. JOC 회원들은 일반회—예비

회-투사회-임원회-지도자 훈련으로 일정한 교육을 받고 지도자로 양
성되며 이를 '투사'라고 하였으며, 전국적으로 '투사교육'을 정기적으로
하였다. 회원은 정회원, 예비회원, 일반회원으로 나누며, 정회원을 '투
사'라고 하며 투사는 먼저 일반회원 과정을 마친 후 예비회원으로 약 8개
월의 교육과정을 거친 후 선서를 통해 자격이 주어진다. 그리고 정회원
'투사'에게는 예비회원을 지도하는 자격이 주어지게 된다. 예비회원 모
임은 약 5~7명으로 팀을 구성되며 JOC 교본에 따라 학습과 교육을 이수
하게 된다.

일반회[8]는 신자. 비신자와 관계없이 모든 공장 노동자에게 개방적으
로 열려있으며 JOC회원을 확대하는 조직화의 통로 역할을 하였다(JOC,
1960). 투사회원들은 지역단위와 전국단위에서의 훈련회, 연구회 등을
통해 지도자로 양성되었다. '투사' 모임은 주로 조직 활동과 관련해서는
'팀 회합의 운영과 방법'을 주로 다루었으며 현장 활동과 관련해서 '공장
분석'과 사회조사, 노조결성, 근기법 교육. 노조운영 등에 관한 주제를
다루었다.

노동현장의 노동대중을 조직하기 위한 '일반회'는 지역본당의 JOC 회
원들이 자신들이 다니는 공장 노동자들을 초대하는 모임으로 3개월에
한 번, 적어도 1년에 최소 3번을 개최하도록 하였다. '일반회'의 내용은

---

8 '일반회'란 일반회란 노동대중을 접촉하는 문호요 그들에게 생활교육을 형성해가는
필수적인 집단교육의 수단이다. 까르딘은 일반회를 "모든 회원들의 친목과 노동세계
건설에 공통된 이상과 그 대책에 대한 열성을 획득하는 것"이라고 규정하였다. 일반회
는 정기적으로 노동대중을 만나기 위해 교회공간을 중심으로 공장 노동자들을 초대하
여 친교와 오락, 교양 노동의 가치 등 다양한 문화적 교류의 장이며 회원을 모집하는
과정이기도 하였다. 까르딘은 '일반회'를 노동자의 '노동학교'라고 하였는데 이는 일반
회의 중요성을 잘 설명해준다.

노동의 가치, 노동법, 노조의 필요성 등에 대한 노동교육에서부터 건강 문제. 성교육, 꽃꽂이. 요리 강습 등 교양강좌와 레크리에이션 등을 통해 노동자에게 문화적 교류의 장이 되었다. 일반회는 자연스럽게 인근지역의 여러 사업장이 한데 참여하면서 노동자 상호 간에 연대가 이루어지며 노동자의 정체성을 형성하는 데 중요한 역할을 하였다. JOC는 '일반회'를 회원 조직화의 전(前)과정으로 삼았으며, 개별 사업장 단위로 '직장팀 훈련회' 교육을 진행하였다. 특히 이러한 '일반회'는 종교와 상관없이 공장 노동자들의 교육과 문화 활동 등으로 파급되고 노동의식 개선에 커다란 역할을 하게 된다.

6) JOC 조직과 국제운동

JOC 조직은 노동자 밀집 지역을 중심으로 각 본당과 교구조직, 교구조직의 연합체인 '전국적 조직'과 아시아 권역, 전 세계 JOC조직으로 확대되고 긴밀하게 서로 연결되는 국제운동의 성격을 가지게 되었다. 특히 JOC 운동은 자본주의 체제의 노동문제가 일국적 관점에서 국한되는 것이 아니라 세계 자본주의 체제와 연관되어 있다는 관점을 강조하였다. 또한 가톨릭의 국제적 네트워크는 국내에서 발생한 노동문제를 국제연대를 통해 해결하고 여론화하는 데 도움이 되었다.

특히 JOC 운동이 기존 노동운동과 다른 특징은 '여성 노동자의 정체성(Identity)'과 이들의 지위향상을 중요하게 다루었다는 점이다. JOC는 가톨릭 노동청년회 남녀를 포함하지만 한 조직 안에 남자조직과 여자 조직을 따로 두었다. JOCF(Feminine)는 JOC 조직에서 여성회원들로만 조직되어 운영되었다. 60년대 공장에서 가부장적 제도가 노동현장의 지배적

인 문화로 자리했으며 뿌리 깊은 남녀차별이 존재하였지만 JOC 조직문
화에서 성차별은 인정되지 않았다. JOCF는 주체적 여성운동으로의 성
격을 가지고 있었으며 여성 노동자들의 활동력이 남성보다 더 높았다.

3. 1960년대 가톨릭 인천교구 노동청년회(JOC) 활동

가톨릭교회 역사 중 가장 큰 변화였던 제2차 바티칸 공의회 이후 교회
는 세상을 향해 문을 활짝 열게 된다. 공의회에서 교회의 사회적 역할과
평신도 운동의 중요성이 강조되었다. 이러한 변화는 가톨릭 노동운동이
활성화되는 계기가 되었다. JOC 운동은 평신도 노동자를 주체로 하는
운동으로 교육과 소모임 활동, 그리고 지도자 양성과 관찰−판단−실천
이라는 활동 원리를 통해 공장의 변화와 궁극적으로 사회구조의 변화를
목표로 활동하였다. 반공주의와 노조에 대한 왜곡과 거부감, 노동권이
부재한 상황에서 가톨릭의 국제운동인 JOC는 한국사회의 노동대중에
급속한 전파가 되고 전국적으로 확대되었다.

마찬가지로 인천교구에서도 60년대 중반부터 노동자가 밀집된 지역
을 중심으로 가톨릭 노동청년회가 만들어지기 시작한다. 그러나 JOC 운
동이 현장에서 노조를 조직하고 권력·자본과 대립한 것은 섬 지역인 강
화의 직물공장에서 시작되었다.

1) 강화 심도직물 노조사건

60년대 강화읍에는 25개의 직물공장에 약 5천여 명의 노동자들이 일
하고 있었으며 이들은 하루 12시간 노동에 종사하면서 관리자들에게 '공

장걸레'라고 불리며 수모와 멸시를 받고 있었다. 심도직물은 1,200여 명이 다니는 강화에서 가장 큰 공장이었다.[9]

1965년, 강화성당에 새로 부임한 메리놀 외방 전교회 소속 미국인 사제인 전미카엘 신부는 여성노동자의 비참한 현실을 목격하면서 1965년 11월, JOC 여자 예비팀을 만드는 데 앞장섰다.

전미카엘 신부는 직물공장의 여성노동자의 현실을 개선하기 위해 JOC 본부에 간부파견을 요청하였고 서울대교구 JOC 투사인 송옥자가 파견되었다. 송옥자는 강화성당 JOC 소모임을 지도하며 공장 소모임 활동을 활발히 전개하였다.

강화성당 JOC 회원 중에 40여 명의 여성노동자들이 심도직물에 다니고 있었으며 이들의 주도로 67년 5월 심도직물 노동조합이 건설되었다. 노조가 결성된 장소는 강화성당의 '그리스도왕'의원 2층의 수녀원이었다. 그러나 회사는 노조를 인정하지 않았으며 JOC 회원에 대한 압력과 부당노동행위 등 집중적인 탄압을 하였다. 심도직물의 사업주 김재소는 강화지역의 공화당 국회의원으로 막강한 권력과 자본을 동시에 가지고 있었다. 노조자체를 불온시하는 회사는 노조활동을 인정하지 않았으며 68년 1월, 섬유노조 심도분회 박부양 분회장과 JOC 회원을 해고하고 공장 가동을 멈추었다.[10]

이날 심도직물 500여 명의 조합원들은 해고자 복직을 요구하며 강화성당에 모여 집회를 열었다. 그러나 경찰이 출동하여 불법집회라며 5명의 조합원을 연행하였다. 심도직물 대표인 국회의원 김재소와 강화

---

9 서울대교구 노동사목위원회, 「서울대교구노동사목 50년사」, 2008, 133쪽.
10 『중앙일보』, 1968.1.13.

경찰서장, 심도직물사장 등이 전미카엘 신부에게 찾아와 반공법 위반이라며 협박하고 JOC 회원을 연행하여 조사를 하는 등 노조활동을 방해하였다.[11]

심도직물 사측은 전신부가 노조활동의 배후로 책임이 있다며 전 신부와 문요안나 수녀 등에게 양키고홈을 외치며 공격하였다. 사측은 전 신부의 부당한 간섭으로 공장운영이 마비되었다는 구실을 붙여 휴업하고 노동조합을 해산해야 공장 문을 열겠다고 하였다.

강화지역 21개의 직물업자들은 「JOC 회원 채용을 거부하며 전미카엘 신부의 사상을 의심한다.」는 내용의 결의문을 채택하였다. 사측과 경찰은 인천교구장 나길모 주교에게 전신부를 강화도에서 떠나게 할 것을 요구하였다. 인천 교구는 대책위원회를 구성하고 전국 주교들에게 사건의 진상을 알렸다. 주교단은 심도직물 노동조합 활동이 정당하며 천주교 신자 고용거부는 종교를 탄압하는 행위라고 비판하였다. 김수환 JOC 총재주교는 심도직물 조합원 탄압중지를 요구하며 심도직물 노조와 연대하였다. 강화 심도직물 사건은 JOC가 노조결성으로 노동운동에 직접 뛰어드는 계기가 되었으며 상호직물. 이화직물 등 노조결성 운동으로 이어졌다. 상호직물의 경우 강화성당 JOC 회원인 한청자의 주도로 노조 결성을 하였으나 사업주의 탄압으로 인해 '혈서사건'과 단식 등 강력한 노동투쟁이 발생하였다.

---

11 「강화도 천주교도 고용 거부사건 진상보고서」, 가톨릭 노동청년회, 1968.1, 1쪽.

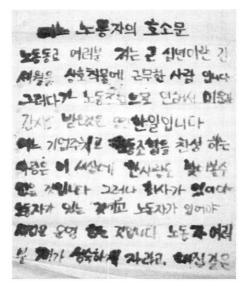

〈그림 2〉 1968년 상호직물에서 해고된 한청자의 혈서
(출처 : 민주화운동기념사업회 아카이브)

강화 심도직물 사건은 가톨릭교회 전체의 참여로 확산되었으며 인천
교구가 노동문제에 처음으로 개입한 사건이다. 자본과 권력을 가진 지역
토호세력과 가톨릭교회의 대립과 갈등으로 확산되면서 강화직물공장 노
동자 문제가 드러나게 되었다.

강화 심도직물 사건은 JOC의 소모임 활동으로 노조를 독자적으로 조
직하면서 국가, 자본과 충돌하는 최초의 사건이었다. 동시에 '강화직물
노조사건'은 교회가 노동자 투쟁에 직접적으로 연대한 사건이라는 점에
서 교회사적으로 중요한 의미를 가진다. 이 사건은 제도교회의 보호와
지지, 국제적 연대를 통해 노동문제를 사회적으로 여론화하고 JOC가 노
동운동에 직접적으로 참여하여 주도한 사건이었다. 교회는 직물노동자

들의 현실을 목격하고 노동자 권리를 옹호하면서 국가권력과 자본의 억압적 지배의 본질을 확인하는 계기가 되었다. JOC는 노동 현장대중과 밀착되면서 70년대 노동운동을 예비하게 되었다.

2) 60년대 인천교구 가톨릭 노동청년회의 활동

60년대 초반, 각 교구의 JOC 조직은 전국적으로 확대되었다.[12] 초기 JOC 운동은 두 가지 방향으로 전개된다. 하나는 자유노동자와의 접촉을 통해 JOC의 대중 활동을 확대 시켜 나갔으며 동시에 노동현장에서 '소모임' 활동으로 노동자 조직화 활동을 시작하였다. 소모임 운동은 노동대중의 현장 공동체를 만들며 집단적 힘을 조직하는데 커다란 성과를 거두었다.

인천교구 역시 노동자가 밀집되어 있는 공장지대와 가까운 성당을 중심으로 가톨릭 노동청년회가 발족하기 시작하였다. 화수동 성당에 이어 65년 7월에 답동성당, 그리고 심도직물 노조사건의 중심이 된 강화성당 가톨릭 노동청년회가 같은 해 12월에 결성되었다. 강화성당 가톨릭노동청년회는 '심도직물 가톨릭 노동청년회 분회'를 만들기도 하였다.

이후 66년 3월, 가톨릭 노동청년회 인천연합회가 생기고 4월에 도화동 성당, 그리고 송림동, 인천교구 관할 구역인 부천의 소사성당 등 공단과 가까운 성당을 중심으로 가톨릭 노동청년회는 점차적으로 확대되었다. 기록에 의하면 1966년 인천 답동 JOC는 대한제분공장, 대한사료공

---

12 각 교구의 JOC 발족은 다음과 같다.
서울교구 58년 11월 16일, 대구교구 61년 1월 22일, 전주교구 61년 2월 11일, 대전교구 61년 7월 9일, 광주교구 61년 11월 9일, 춘천교구 62년 10월 17일, 부산교구 63년 10월 27일, 수원교구 64년 4월 11일, 인천교구 64년 11월 26일, 원주교구 66년 10월 10일.

장, 대한여객, 대성목재, 공작창, 양민공사의 노동자와 지게꾼 등 50여 명을 초청 '노동자 위안의 밤'을 개최하였다.[13]

그리고 인천지역 노동자 실태조사를 하여 가톨릭 노동청년회 전국본부에 보고를 하였다.

가톨릭 노동청년회는 신자 노동자를 대상으로 활동하는 것을 넘어서 공장의 일반 노동자를 조직하기 위한 '일반회' 활동과 사회조사, 성당의 공간을 활용하여 다양한 문화활동·교육 등을 통해 지역 노동자의 활동 공간의 역할을 하였다. 이러한 활동은 가톨릭 노동청년회 활동이 지역 노동자의 연대의 기초가 되었으며 지역공동체 형성에 뿌리가 되었음을 알 수 있다.

3) 가톨릭 노동청년회와 도시산업선교회의 연대

가톨릭노동청년회 전국본부의 3대 여자회장으로 활동한 정양숙[14]과 3대 남자회장 이진엽[15]은 인천지역에서 가톨릭 노동청년회 활동에 적극적으로 나섰다. 특히 정양숙의 경우 JOC 전국 여자 회장(1965~1968년)을 마친 후 인천지역으로 내려와 공장 활동과 도시산업선교회 간사(1969~1972년)를 하였다. 당시 인천 산선과 JOC는 밀접한 관계로 협력하면서 노동운동을 지원한 것으로 보인다. 이러한 관계를 통해 정양숙은 69년 9월 인천 교구청의 공식파견으로 감리교 산선의 실무자로 일하게 되었

---

13 한상욱, 「한국 가톨릭 노동운동 연구(1958-95)」, 성공회대학교 박사논문, 2017.

14 정양숙(1939-2016) : 성균관대학교 교육학과 졸업. 전국자동차노동조합 서울버스지부 부녀회장. 명동가톨릭노동 상담소.

15 이진엽(1938-1991) : 고려대학교 법학과 졸업. 72년 대우자동차 지부장. 89년 한국노총 인천노동교육상담소장

다. 이미 68년 인천 JOC의 남재민 신부와 도시산업 선교위원회는 대한
제분을 중심으로 연합활동을 통해 노동운동을 지원하였다. 정양숙은 홍
한방직에서 취업하여 인천제철, 이천전기, 한국기계, 한국유리. 동일방
직, 한국베아링 등 각 공장을 방문하면서 노동문제에 관여하였다. 정양
숙은 당시 산선의 실무자인 조승혁 목사, 오명걸 목사(선교사), 조화순
목사, 유흥식 등과 함께 간사로 활동하면서 경인지역 노동조합 지도자
교육, 조합원 교육, 평신도 훈련, 여성노동자 그룹운동, 의식개발, 서울.
광주 가톨릭 대신학교 신학생 노동 훈련 등을 실시하는데 함께 하였다.
동시에 동일방직 노동자들이 대다수였던 화수동 JOC의 여자팀과 남자
팀을 지도하였으며 70년대 동일방직 지부장이었던 이총각을 지도한 투
사였다.[16] 정양숙의 '활동보고'에 따르면 이미 인천지역에서는 70년대 초
에 한국판유리, 동일방직, 한국기계, 이천전기, 기독병원 등 각 공장 중
심으로 신용협동조합 운동이 있었으며 협동조합 운동에 주도적으로 참
여하고 있음을 알 수 있다. JOC의 지도자가 산선의 실무자로 파견되는
것을 볼 때 60년대 후반부터 JOC와 산선은 산업선교라는 공동의 목표를
통해 자연스럽게 연대하고 있음을 알 수 있다.

　60~70년대 가톨릭 노동청년회 활동이 공장 신협운동과 연결되어 있
으며 또한 이미 신협운동이 각 성당을 중심으로 활성화되면서 가난한
사람들을 위한 지역경제 공동체 형성에 기여하였음을 발견할 수 있다.

　인천에서 JOC 활동을 시작한 JOC 3대 전국회장을 지낸 이진엽은 고
대 법대와 공군대위 장교출신으로 JOC 운동에 투신한 특이한 이력을
가졌다. 이진엽은 JOC운동을 평신도 중심의 현장 운동으로, 사회운동으

---

16 『한겨레신문』, 2013.06.02.

로의 성격으로 변화와 사회정의 구현에 적극 나설 것을 주장하였고 평신도 운동으로의 중심성을 강화할 것을 강조하였다(JOC. 1968b). 이진엽은 72년 GM노조 지부장 활동을 통해 70년대 처음으로 대공장 사업장에서 민주노조운동을 이끌었던 노동운동 지도자로 자리매김하였다.

4. 70~80년대 인천교구 가톨릭 노동청년회와 노동사목의 등장

1974년 7월, 유신정권에 의해 원주교구장 지학순 주교가 구속되었다. 이 사건 이후 가톨릭교회는 유신체제를 직접 비판하고 민주주의 수호를 위한 운동에 적극적으로 참여하게 된다. 지주교 구속사건으로 전국 교구는 유신정권에 대한 저항에 나섰고 74년 8월 26일, 답동성당에서 지주교 석방과 유신철폐를 위한 기도회가 열렸다. 시국미사는 인천교구와 전국의 사제 130여 명, 신자 1200여 명이 참석한 가운데 진행되었다.

이어서 10월 20일에는 인천교구 소속 신부, 수녀, 신자 2천5백여 명이 답동성당에서 성년대회 기도회 후에「민주헌정실시」,「유신헌법철폐」,「구속자석방」을 외치며 가두시위를 벌였다. 각 본당의 가톨릭 노동청년회는 지 주교 사건이 해결될 때까지 매주 기도회를 가졌다.[17]

인천교구는 75년 4월, 부주교인 시노트 신부의 추방 사건과 77년 답동성당 김병상 신부 구속사건 등 타 교구에 비해 사회 민주화 운동 참여를 일찍 경험하면서 가톨릭 사회운동이 활성화되었다. 이러한 교구의 분위

---

17 『암흑속의 햇불. 제1권』, 기쁨과 희망 연구소, 1996, 41쪽.

기는 평신도 주도의 가톨릭 노동운동에 대한 지원과 관심이 높아지게
되었고 지역 사회운동과의 연대에도 적극적으로 나타나게 되었다. 이러
한 활동은 주로 교구 정의평화위원회를 통해 이루어졌으며 인천지역의
노동문제에 대해서도 적극적으로 개입하게 되었다.

1) 전미카엘 신부와 가톨릭 노동청년회

강화도 심도직물 사건당시 강화성당 노동청년회(JOC)를 이끌었던 전
미카엘 신부는 가톨릭 노동청년회의 신년 미사에서 〈강론〉을 통해 악은
선을 극복할 수 없으므로 가난한 자, 소외된 자들을 위해 투사의 불길을
태우기를 당부하였다. 전미카엘 신부는 이후 1977년 '노동자의 길잡이',
'구원의 빛' 등 노동자 서적을 발간하여 노동현장에 보급하는 등 노동교
육에 커다란 기여를 하였다. '노동자의 길잡이'는 이후 정부에 의해 금서
로 지정되고 압수를 당하기도 하였다.

> 만일 여러분이 소속된 교회가 노동계에 대해서 무관심하거나 도외시하
> 고 있다면 그 현상을 숙명적으로 받아들이거나 속수무책으로 방관해서는
> 안 됩니다. 이럴수록 여러분은 투사답게 가톨릭노동청년회의 사명감에
> 입각하여 그 교회로 하여금 노동계에 대해서 비상한 관심을 갖도록 부단
> 한 노력으로 거듭 측구 해야 합니다. (…)
> 저임금에 허덕이며 인간 존엄성을 무시당하는 이들, 인간다운 삶의 기
> 본인권을 유린당한 사람들입니다. 눈먼 사람들은 누구일까요. 부귀영화
> 를 누리면서도 이웃의 가난한 사람들에게 손 하나 까딱하지 않고 자신의
> 이익을 위해서 사리사욕에만 사로잡힌 근시안적인 사람들이 아니겠습니
> 까. 이 세상에서 제일 깜깜한(못 보는) 장님은 볼 수 있는 데도 고의로
> 보지 않는 사람들이 아니겠습니까. 또 억눌린 사람들은 누구일까요. 그들

은 자신이 죄악을 저지르고 떳떳하게 살지 못하는 자, 사회의 체제와 구조적인 악에 사로잡혀 아무리 노력해도 인간다운 생활을 영위하지 못하는 이들을 말하는 것이 아니겠습니까.

2) 인천지역 노동현장과 소모임 활동

JOC는 72년, 전국평의회에서 '공장안에 교회를 세우자'라는 슬로건을 채택한 이후 '공장 JOC 팀'이 확대되었다. 기존의 교회 중심의 활동에서 벗어나 회원들은 공장안에 '소모임'을 조직하기 시작하였다. 72년 전국 평의회 이후 각 지역조직에서는 전국의 74개의 공장을 선정하여 '공장 팀'을 건설해 나갔다.[18] 그리고 이후 공장팀 활동은 100여 개 사업장으로 늘어나게 되었다. JOC 공장 소모임은 산업선교와 비교해 보았을 때 규모 면에서 훨씬 더 많았으며 이는 노조 운동과 연결되면서 '공장의 변화'를 촉진하는 커다란 역할을 한 것으로 볼 수 있다.[19] 특히 '공장 소모임'은 수도권을 넘어서 전국적으로 조직되었으며 이후 각 지역의 핵심적인 노조가 되었다. 인천지역의 경우 동일방직. 홍한방직, 이천전기. 한국기계, 지엠 코리아. 대성목재, 강화 심도직물. 남아직물, 한국유리 등 9개 사업장을 목표로 현장 소모임 조직활동을 하였다. 이외에도 1973년 부평 4동 성당에서 성심야간학교가 설립되어 노동자 야학운동을 펼쳤으며 가톨릭청년회 인천교구 연합회는 인천 판유리 노동조합 실태조사. 버스안

---

18 72년 7월 15~16일 전국 제4차 교육위원회에서 각 교구별로 조사 보고한 자료. 전국 74개 사업장에 대한 선정과정에서는 공장팀 조직이 가능한 사업장이 더 확대되어 100 개 사업장으로 추후 확대되었다. 이들 사업장은 공장팀 조직이 건설된 곳과 예상 가능한 사업장 모두 포함되어 있다.

19 장숙경은 영등포 산선의 경우 76년도에는 80여 개의 소그룹이 운영되었으며 77~78년에는 30여 개 회사에 150여 개로 확장되었다.

내원, 신문배달원에 종사하는 연소 노동자 실태조사를 통해 지역사회에 노동문제의 실상을 알려 나갔다.

3) 동일방직 노조탄압 사건과 가톨릭 노동청년회

70년대 민주노조운동의 상징인 동일방직 노동조합에 대한 권력과 자본의 탄압이 계속되었다. 70년대 중반 이후 동일방직 여성노동자들은 사측과 경찰의 탄압에 알몸시위로 저항하였고 똥물 사건 등으로 온갖 수모를 당하며 노조를 사수하였다. 회사 측의 조합원에 대한 폭행과 노조사무실 습격 등 일상적인 탄압이 벌어지던 시기였다.

동일방직 이총각 지부장은 화수동 JOC 출신이었으며 인천 교구와 JOC는 동일방직 노동운동과 자연스럽게 연대하게 되었다. 현장에는 JOC 회원과 산업선교회에 다니는 회원들이 중심이 되어 노조운동을 이끌어갔다. 특히 부평노동사목과 JOC는 동일방직 탄압을 막기 위해 적극적으로 결합하였다. 78년 3월, 회사 측은 124명의 조합원을 해고하였다. 이총각 지부장은 김수환 추기경과 전국 주교단, 인천교구 사제단, 신자들에게 동일방직 노동자들이 겪는 참상을 폭로하는 편지를 발송하면서 사회적 문제로 확대하는 데 중요한 역할을 하였다. 인천교구 사제단은 '동일방직 근로자를 도웁시다.'라는 성명서를 발표하고 신자들에게 특별헌금을 모금하여 지원하였다. JOC 인천교구 연합회는 동일방직 사건경위와 '똥물세례'를 고발하는 호소문[20]을 발표하였다. 78년 3월 12일, 답동성당에서 동일방직 노동문제 해결을 위한 신·구교 연합기도회가 열렸다. 문동환 목사의 설교, 조화순 목사의 동일방직 사태 보고를 들으며

---

20 위의 책, 479~480쪽.

성당 안은 눈물바다가 되었다. 기도회가 끝나고 50여 명의 노동자들이
답동성당 사제관에서 농성을 시작하였다. 동일방직 해고노동자 투쟁은
80년대까지 이어졌으며 김병상 신부는 동일방직 긴급대책위원회 위원
장으로 전국적으로 기도회를 개최하고 일본 정의평화위원회 등 국제연
대를 통해 동일방직 노조 탄압을 국제사회에 알리며 여론화하였다.

4) 공단의 노동자 센터 – 부평 노동사목의 출발

인천교구 부평 노동사목은 1977년 2월 한국 천주교에서 처음으로 만
들어졌다. 부평노동사목은 노동자가 밀집한 부평 4공단지역 근처에 노
동자를 위한 공간을 마련하였다. 노동사목은 메리놀 외방전교회의 나마
진 신부와 권조희 수녀, JOC 출신 해고 노동자 이경심[21]이 실무자로 활
동하면서 시작되었다. 이경심은 70년대 중반부터 JOC 전국본부 상근
활동가로 선정되어 인천교구 가톨릭 노동청년회 회원들을 지도하기 위
해 파견되어 76년 동일방직 노조지원을 하였다. 77년 2월 1일 인천교구
노동사목 전담 사제로 발령받은 메리놀 수도회 나마진(Martin lowry)신부
는 메리놀 수녀회 권조희 수녀, 이경심 등과 함께 인천 부평 산곡동의
노동자 밀집 지역에서 공동체로 살면서 노동사목 공간을 열었다. 노동사
목은 지역 노동자를 위한 유일한 공간으로 공단지역 노동자의 활동을

---

21 이경심은 전북 부안에서 초등학교를 마친 뒤 상경해 '버스 안내양'으로 사회생활을
시작했다. 69년 JOC 투사 선서를 하였고 72년 성수동 태광산업에 소모임 활동을 지원
하였다. 73년 JOC 서울북부회장을 하였으며 노조활동으로 중앙정보부에 연행되어 고
초를 겪기도 하였다. 인천지역의 JOC 운동을 확장시켰으며 이후 부평 노동사목 초대
실무자로 '인간개발 교육 등을 주도하였다. 동일방직 해고 노동자 지원 활동을 하였으
며 노동사목에서 활동하던 중 30세의 나이로 1979년 6월 14일, "먼저 가서 미안하다,
용기를 잃지 마라."라는 말을 남기고 세상을 떠났다.

지원하였고 이는 인천지역 70년대 민주노조 운동의 저변을 확대하는 데 중요한 역할을 하였다. 노동사목은 노동자의 인간화와 주체적 성장을 위해 자아발견 교육, 노동자 소모임 등 노동교육과 노조 지원활동을 전 개해 나갔다.

성직자, 수도자, 평신도가 팀을 이룬 노동사목은 부평공단 노동자를 대상으로 '인간개발교육' 실시하였으며 이 교육은 노동자의 주체적인 참여를 이끌면서 90년대 후반까지 진행되었다. '인간개발교육'은 이후 정보기관의 간섭과 압력 등으로 이후 '자아발견교육'으로 명칭을 변경하였다. 이 교육 프로그램은 노동인권과 노조운동에 대한 관심과 참여를 이끌어 내고 교육 이후 노동자 소모임 활동을 통해 노동자 의식을 심화시키게 되었다. 인간개발교육은 지역 노동운동에 커다란 호응을 불러일으켰고 노동의식을 가진 많은 노동자들이 양성되고 이들은 민주노조운동의 주요 활동가로 자리잡게 되었다.

노동사목은 노동교육뿐만이 아니라 지역의 맞벌이 노동자들의 육아 문제를 해결하기 위해 '아가방'을 개원하여 노동자 가족의 보육을 지원하였다. 이러한 활동은 노동사목에 신자 노동자의 지원 활동에 국한시키지 않고 지역의 노동공동체 형성에 커다란 기여를 한 것으로 판단할 수 있다.

노동사목 활동은 교회의 다양한 문화자원을 활용하여 도·농 직거래 운동과 협동조합, 건강교육 프로그램, 자녀 돌보기, 가족계획, 위생교육, 성교육, 주부성서모임 등 다양한 교육을 개설하여 공단 지역의 노동자와 가족들의 공동체로 성장하게 되었다. 이외에도 도서관 운동·영화제 등 지역 주민들의 참여를 이끌어 냈다. 이러한 노동사목 활동은 80년대 이후 전국 교구로 확대되었고 전국의 각 공단 지역마다 노동자의 집을 만들면서 20곳이 넘게 만들어졌다.

이후 인천교구 노동사목 활동은 1980년 공단지역인 부천지역의 노동사목(새날의 집)과 85년 주안공단의 노동사목(골목집)으로 확장되었으며 각 노동사목은 각각 똑같은 방식의 노동 상담과 교육, 아가방을 신설하여 지역 노동자의 공간으로 운영되었다. 노동사목은 노동자의 공간을 뛰어넘어 지역주민들이 참여하는 공동체를 형성하는 특징을 가지고 있었다.

〈그림 3〉 부평노동사목 20주년 기념행사(1977~1997)
(출처 : 가톨릭뉴스 지금여기)

70년대 가톨릭 노동운동의 두 축인 가톨릭 노동청년회와 노동사목 활동에 대해 유신독재 권력은 감시와 탄압, 이데올로기 공세를 펼쳤다. 박정희는 JOC와 산업선교회에 대하여 '종교를 빙자하여 노동조합에 침투한 불순세력'이라며 조사를 지시하였으며 검찰은 특별조사반을 구성하

여 조사를 하였으나 용공단체라는 증거를 찾지 못했으며 용공단체가 아
니다'라고 결론을 내리기도 하였다(한겨레신문, 2013.01.18. 한홍구의 유신과
오늘).

마찬가지로 유신권력에 기생하는 한국노총의 경우 'JOC와 산업선교'
를 불법적인 종교 노동운동이며 노사현장을 떠날 것을 요구하는 성명을
발표하였다. 이에 대해 교회는 '종교 활동의 침해'로 규정하고 오히려
가톨릭. 개신교의 노동운동은 유신권력과 어용노총에 대해 적극적으로
대항하게 되었다.

5. 제5공화국과 가톨릭 노동운동

80년대 인천지역의 가톨릭운동은 평신도 단체들이 주도하며 조직적
인 가톨릭 사회운동으로 변화하는 특징을 가지게 된다. 80년대 초반 이
후 교회 내의 JOC, 가톨릭 대학생회, 가톨릭 청년회, 노동사목, 천주교
도시빈민회 등 교회 단체들은 지역사회와 연대하며 민주화 운동에 참여
하게 된다. 또한, 사제·평신도가 참여하는 인천교구 정의평화위원회는
교회와 시민사회를 이어가며 인권과 정의 평화운동의 중심적 역할을 수
행하였다. 매년 광주항쟁 진상규명을 위한 추모미사와 양심수 지원, 개
헌서명운동, KBS시청료 거부운동, 지역노동자 투쟁 지원, 시국기도회
등을 맡아 지역사회와 연대하면서 가톨릭 사회운동의 중추적 역할을 하
였다.

1) 부평노동사목 '카드 사건'

82년 1월 11일, 전국 정평위 이사회에서는 인천지역 가톨릭 노동청년회(JOC)에 관한 관련자들의 증언을 듣고 대응책을 논의하였다. 인천 교구는 긴급사제 총회를 열어 부평노동사목 팀에 대한 연행사건에 대해 대책을 협의하였다. 수사당국은 81년 11월부터 부평 노동사목에서 성탄절을 맞아 노동자들이 참여하여 카드를 제작한 것에 대한 수사를 시작하였으며 실무자 집에 기관원을 배치하고 노동사목에서 운영하는 교육에 참가하는 수강생 15명을 연행하였다. 경찰은 담당신부인 나마진 신부와 실무자인 윤수산나 씨를 빨갱이라 허위선전하고 JOC 회원을 연행하였다.[22] 경찰은 1982년 1월 8일을 전후하여 이른바 크리스마스카드 사건을 조사한다는 명목으로 부평지역 산곡동 성당의 JOC 회원들에 대해 연행을 하고 폭행 등으로 고통을 주었다. 경찰은 JOC의 예비회원들까지 연행 신상 조사를 하거나 JOC의 조직상황과 노동사목을 담당하는 나마진 신부(미국인)와 윤순녀 수산나(AFI 회원)의 교육 내용 등을 추궁하고 "나 신부와 윤수산나는 빨갱이다. 여기서 그들의 정체가 노출되어 들통나니 제2거점을 만들기 위해 잠적했다. 너희들은 그런 함정에서 빨리 빠져나오라"고 말하였다.

2) 블랙리스트(Blacklist)와 가톨릭 노동청년회 회원 해고 사건

국가권력이 개입된 블랙리스트(Blacklist)는 오랜 역사성을 가지고 있다. 60~80년대 노동운동가를 감시하기 위한 블랙리스트(Blacklist)는 중

---

22 『암흑속의 햇불. 제5권』, 앞의 책, 43쪽.

앙정보부, 보안대, 경찰 등 권력기관의 주도와 기업주의 협력으로 작성되어 노동현장을 통재하기 위한 수단으로 일상적으로 사용되었다. 가톨릭 노동운동의 경우 블랙리스트는 67~68년의 '강화직물사건'에서 JOC 회원에 대한 해고와 강화지역 모든 직물업체에서의 '천주교 신자 고용거부사건'에서 찾아볼 수 있으며 70년대 말부터 JOC 회원에 대한 블랙리스트가 존재하고 이에 따른 해고가 발생하였다. 인천지역의 경우 노동부 인천지방 사무소는 부평노동사목에 대한 사찰과 블랙리스트와 'JOC의 조직표'를 만들어 공단지역 사업장에 배포하여 JOC 회원과 해고자들의 취업활동을 방해하였다. 조직표에는 나마진 신부와 노동사목 팀 명단, JOC 회원 출신인 동일방직 노조 지부장이었던 이총각, 태평특수 노조 분회장이었던 이경자, 반도상사 해고자 이혜란 등 JOC 회원들이 리스트에 올라 있었다.

이외에도 동국무역, 시브라더스, 동양철관, 진영산업, 신한일전기, 린나이코리아, 코리아스테플, 승인상사, 대양산업, 원풍물산, 국산통상 등 인천. 부천지역의 10여 개 사업장의 JOC 회원들을 파악하고 이후 해고를 시켰다. 해고 이후 이들이 타사업장에 취업을 하면 곧바로 회사에 연락해 해고를 시키는 방법으로 취업 자체를 봉쇄시켰다. 원풍물산 이총각, 국산통상의 이경자, 인천교구 JOC 회장이었던 이천전기 남영근과 정영채, 신한일전기 박욱훈이 해고당하였다.[23]

---

23 한상욱, 「한국 가톨릭 노동운동 연구(1958-95)」, 성공회대학교 박사논문, 2017.

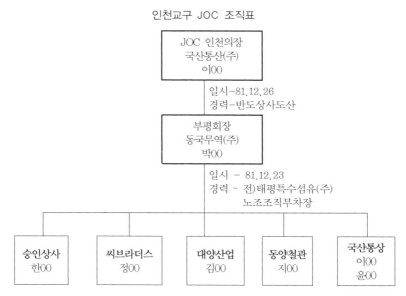

〈그림 4〉 노동부 부평지방사무소가 작성한 블랙리스트
(출처 : 민주화운동기념사업회 아카이브)

코리아스파이서의 경우 노조위원장이 JOC 회원과 동조했다는 혐의로 해고를 당했다. JOC가 노사분규를 선동하고 대화보다는 오직 투쟁에 열을 올리는 단체처럼 선전하였으며 JOC 회원은 노사공존의 적으로 왜곡 표현하였다. 가톨릭 노동청년회는 83년 12월 26일 인천지역 노동현장에서 부당해고자 6명이 구속되자 경위서[24]를 만들어 교회와 노동자들에게 전달하였다.

85년 3월, 제40회 노동절을 맞이하여 인천교구 가톨릭 노동청년회는 성명서를 통해 노동자의 심각한 현실을 개선할 것을 요구하면서 최저임

---

24 위의 책, 500쪽.

금제 시행, 노동조건 개선, 블랙리스트 철폐, 해고자복직, 노동3권 보장, 노동법 개정을 촉구하였다.[25]

"체불임금 반대, 8시간 노동제 쟁취, 악덕기업주 추방, 최저생계비 쟁취, 노동운동을 탄압하는 군부독재를 몰아내야 한다."는 성명서를 발표하였다. 또한 부평 공단 내 범한무전의 해고사태, 시.브라더즈의 노조파괴를 목적으로 하는 감원, 아풍산업의 휴업조치, JOC 회원이 활동하(주)동보전기에 14명의 노동자들에 대한 상습체불로 인한 점거농성 등 인천지역 노동문제를 알리는 홍보물을 제작하여 배포하였다.[26]

한편 1986년 경찰의 부평 노동사목에 대한 사찰과 검문, 무단침입과 수색에 대한 항의가 있었다. 3월 9일 인천주보에는 부평 노동사목에 출입하는 한일스텐레스 해고 노동자 연행과 부천노동사목의 경우, 무단침입하여 노동자들의 속옷을 수색하고 사무실 앞에 경찰차를 대놓고 노동자들을 끌고 가 위협하며 "불순분자의 소굴"이라고 하였다. 인천교구는 노동사목에 대한 탄압은 교회 사목활동을 방해하는 것으로 도저히 용납할 수 없는 행위로 경찰에 항의 하였다.[27]

3) 부천 경찰서 성고문 사건과 교회의 대응

86년 7월 6일 인천주보 '소금'에 "경찰의 여성 피의자 성추행"이라는 기사가 실렸다. 부천경찰서 문귀동에 의한 권인숙양 성고문 사건이었다. 경찰의 여성 노동자에게 성폭행하는 일은 인천교도소에서 수감 중인 양

---

25 「인천주보」, 1985.3.10.
26 「민주화운동기념사업회 사료」, 등록번호 68203.
27 「인천주보」, 1986. 3.9.

심수와 그 가족들이 진상공개와 항의 농성을 하면서 알려지게 되었다.[28] 7월 7일 교구 정평위는 "군사독재의 성적고문, 폭행을 규탄한다."는 제목의 성명서를 발표하고 가톨릭 노동청년회는 이 투쟁에 적극적으로 참여하였다.

6월 항쟁 이후 노동자들이 투쟁이 점차적으로 확대되고 있다. 인천교구 노동사목(담당사제 오기백 다니엘 신부)에서는 신자들에게 고통 받고 있는 산재 노동자들에 대한 특별한 관심을 촉구했다.

중앙병원 산재 노동자 600여 명은 8월 12일부터 휠체어와 지팡이를 의지하며 경인 국도에서 최루탄을 맞으며 시위를 벌였다. 노동사목은 생계위협에 처한 산재 환자들에게 휴업급여와 급여인상, 의료보험 혜택 등 경제적 어려움을 해결할 것을 정부에 촉구했다.[29]

4) 노조 파괴자 '제임스리' 규탄과 가톨릭 노동운동의 대응

89년 현대 중공업에서 칼로 노동자 테러 사건을 일으켰던 제임스리가 인천지역에 나타났다. 제임스 리는 새인천 병원에 인사부장으로 나타나 노조를 와해시켰다. 이어 부평지역의 콜트악기, 명성전자의 고문으로 활동하면서 관리자와 비노조원들을 교육하면서 노동현장의 갈등을 일으켰다. 제임스 리는 "노사분규를 일으키는 사람들 중에 종교는 가톨릭이나 장로교, 호남출신, 조그마한 일에 고마움을 표시하며 친절을 베푸는 사람이 많으니 주의하라."며 교육을 하였다 가톨릭 노동청년회와 부평 노동사목은 성명을 통해 "교회를 모략하고 지역감정을 유발하는 제임스 리

---

28 「인천주보」, 1986.7.6.
29 「인천주보」, 1987.8.23.

의 반 노동자적이고 반 그리스도적임을 폭로" 하고 지역사회에 알려 나
갔다.

5) 주안 5동 성당 난입과 신부 폭행 사건

86년에 세워진 주안노동사목 '골목집'은 87년 노동자 대투쟁 시기를
전후로 하여 민주노조 운동을 지원하였다. 골목집의 책임 실무자는 반
도상사 부평공장 해고노동자인 조금분이 활동을 하였다. 1989년 4월 28
일, 밤 11시 30분경 주안5동 성당 근처에 있는 주안 노동사목에 영원통
신(주)직원과 사장 등 15여 명이 난입하여 사무실 집기를 부수고 이를
말리는 주안5동 본당의 백순기 신부와 사무장. 실무자들을 폭행하는 일
이 발생했다. 교구 사제단은 4월 30일 오후 4시 주안5동 성당에서 나
굴리엘모 주교가 참석한 가운데 비상총회를 열고 영원통신 사측의 행동
은 "교회 교권과 노동사목에 대한 중대한 침해행위이며 공권력 남용에
의한 노동운동 탄압"이라고 규정하였다. 정평위(위원장: 김병상 신부)는 영
원통신 사제 폭행사건의 진상을 각 교구와 단체에 알려나가고 노동자들
과 연대하기 위해 본당에서 성금을 모금하였다.[30] 평신도 사도직 협의회
는 성명서를 발표하고 철저한 진상규명과 폭력 행위자를 구속 수사할
것을 촉구하였다. 주안5동 성당 신자들은 5월 7일 11시 주일 미사 후에
주안1동 성당까지 침묵시위와 행진을 하였다. 그리고 400여 명의 신자
들이 교권탄압, 노동운동 탄압을 규탄하는 피켓을 들고 경찰서를 항의
방문 하였다.

---

[30] 「천주교 인천교구청 회의록」, 1989.5.9.

6) 가톨릭 노동운동의 주역

70~80년대 인천교구 가톨릭 노동운동의 주요 지도자로는 78년 태평특수 노조 분회장인 이경자와 박문숙, 김명희 80년 반도상사 노조 지부장이었던 조금분, 80년대 중반, 시브라더스 정미자를 들 수 있다. 조금분은 5.17 이후 전두환 정권에 의해 사회정화 대상자로 격리되면서 해고된 이후 80년대 중반 주안 노동사목(내일을 위한 집)을 개척하면서 87년 노동자 대투쟁 당시 주안공단 지역의 노동조합을 건설하는 데 주력하였다.

이경자는 78년 태평특수에서 박문숙, 김명희와 해고당한 후 부평노동사목의 실무자로 활동하면서 부평공단 지역의 87년 노동자 대투쟁 과정에서 노조결성을 지원하였다. 이외에 부평공단 지역의 코리아스파이서에서는 JOC 회원이라는 이유로 이교일, 송순교, 진금숙이 해고당하였으며 이들은 JOC와 산업선교를 공산주의자로 몬 홍지영의 정체를 외부로 알리는 데 중요한 역할을 하였다.

인천지역의 70년대 민주노조운동의 주요 지도자인 동일방직의 이총각은 부천 노동사목에서 책임자로 일을 하였다. 가톨릭 노동운동의 70년대 주체들은 80년대 노동운동의 중심세력으로 역할을 하면서 87년 노동자 대투쟁을 맞이하게 된다.

6. 90년~2000년대의 가톨릭 노동운동과 지역사회의 연대

1) 인천교구 외국인 노동자 상담소 개소

인천교구에서 외국인 노동자 상담소가 처음으로 개소하였다. 노동자와 공단이 많은 인천지역에 외국인 노동자들이 점차적으로 급증하면서 이들에 대한 인권을 보호하고 상담이 필요한 상황에서 외국인 노동자 상담소가 93년 7월, 부평2동 성당에서 개소식을 하였다. 교구 정의평화위원회와 노동사목위원회는 외국인 노동자의 인권탄압 사례가 늘어나면서 이들에 대한 인도적 배려와 고충을 함께 나누기 위해 상담소 필요성을 논의하였고 그 결실을 맺게 되었다. 상담소의 주요활동은 외국인 노동문제와 상담, 전화 상담과 내방 상담, 현장 방문 등을 하였다. 외국인 상담소는 이후 교구의 이주노동사목으로 확대되어 오늘까지 활발한 활동을 하게 된다.

2) 대우자동차 정리해고 반대와 교회의 역할

인천 지역 경제와 고용의 중심적 역할을 하던 대우자동차가 2001년 11월 8일, 최종부도 발표되었다. 정리해고와 해외매각 반대하는 노동자들에게 2월 16일, 부평공장 생산직 노동자 1,750명에 대한 정리해고를 단행되었다. 정리해고 통보에 절망한 해고노동자와 그 가족 700여 명이 2월 17일부터 부평공장에서 농성을 개시하자, 경찰은 2월 19일 부평공장에 진입하여 농성자들을 해산시켰다. 19일 밤, 4,000여 명이 넘는 경찰이 공장안으로 진입하였으며 노동자에 대한 연행, 강제진압으로 한순간에 부평공장은 아수라장이 되었다.

경찰의 폭력을 피해 공장 건물을 뛰어넘고, 담벼락을 넘어 눈물을 흘리며 공장 밖으로 쫓겨난 노동자들은 다시 모일 곳이 필요했다. 일시적으로 인천의 각 대학교로 피신하였으나 안정적인 거점이 되기는 어려웠다. 이후 경찰은 해고노동자들이 모이는 곳마다 집회를 봉쇄하고 방해하였다. 노동자들은 시내 곳곳에서 자신들이 당한 부당한 해고에 대해 홍보활동을 했으나 경찰과의 마찰은 계속되었다.

갈 곳 없는 노동자들은 안정적인 거처가 필요했고 그들은 부평노동사목에 도움을 요청했다. 공장에서 가까운 곳, 자신들의 처지를 이해하고 함께 싸워줄 수 있는 곳, 처음에는 답동성당으로 들어가는 방안도 검토되었으나 이후에 정리해고 반대와 복직투쟁이 장기화될 수밖에 없는 상황이 예견되었고 대우자동차 근처의 성당의 도움이 필요했다. 부평 노동사목과 마리아 수도원, 민주노총과 대우자동차 노조와 협의를 통해 '샤미나드 피정의 집' 앞마당으로 농성장이 정해졌다.

2월 20일 대우자동차 주변에서 연일 해고 노동자들의 정리해고 반대투쟁이 벌어지고 있는 가운데 오후 6시경 집회를 하던 노동자들은 샤미나드 피정의 집 바로 옆에 붙어있는 산곡동 성당으로 경찰을 피해 성당 안에 모여 있었다. 그러나 경찰은 오후 6시 20분경 갑자기 성당 안으로 진입하여 피신해 있던 노동자들을 연행하였고 이에 항의하는 성당 사무장과 양주용 부제에 대해 폭력을 휘둘렀다. 경찰의 성당 난입과 폭력사건에 대해 교회는 즉각 대응에 나섰다.

부평 노동사목은 교구에 이 상황을 보고하고 '샤미나드 피정의 집' 사무실에서 밤늦게까지 그 대응책을 논의했다. 먼저 경찰 측에 성당 주변에 배치한 전경병력 철수와 사찰중지를 요구하였다. 경찰은 산곡동 성당 난입과 부제폭행에 대해 인천지방경찰청장 민승기 치안감이 2월 24일 최기산 주교를 예방하고 공식 사과문을 전달하였다.

이어서 정의평화위원회(위원장 조호동 신부)는 '대우자동차 정상화와 폭력사태 종식을 위한 호소문'을 발표하고 '정부 채권단의 대우 정상화를 위한 구체적인 대책 제시, 경찰폭력의 재발 방지, 대우자동차 관련 구속자 석방 및 수배자 수배해제' 등을 촉구했다.

〈그림 5〉 2001년 대우자동차 정리해고 당시
농성장을 방문하는 최기산 주교와 노조집행부

3) 인천교구 사제단, 대우자동차 해고 노동자 자녀에게 장학금 전달

2001년 5월, 교구 노동사목위원회는 대우자동차 정리해고자 자녀들에게 장학금을 지급하는 사업을 추진하였다. 노사위 위원장인 조호동 신부의 제안으로 교구 사제들은 자신들의 월급을 쪼개어 장학금을 모았다. 부양가족이 있고 가정 형편이 어려운 정리해고자중 73명의 중학생 자녀에게 4,300만 원의 장학금을 지급키로 하였다. 부평노동사목은 대우자동차 노조주택 장학 사업부와 협의하여 2/4분기 장학금을 먼저 지급하였다. 대우자동차 해고자들은 "어려운 정리해고 조합원 자녀들에게 마음을 써준 인천 교구에 감사드린다."며 고마움을 전해왔다.[31]

대우자동차 지원 이후 인천 교구는 지역 노동자에 대한 연대를 위해 한국 천주교회에서 처음으로 노동자 주일을 선포하였다. 노동자 주일은 노동절과 가장 가까운 주일로 정하여 각 본당마다 노동자를 위한 2차 헌금을 실시하여 노동자 센터를 통해 지원하고 있다. 이 지원금은 이주 노동자, 빈곤한 상태에 있는 지역 노동자, 정리해고 사업장 등 노동자 투쟁 지원 활동을 위해 연대기금으로 사용되고 있다.

위에서 살펴보았듯이 60년대 중반 이후 현재에 이르기까지 인천교구 가톨릭 노동운동은 인천지역 노동자의 '노동인권' 향상과 민주적인 지역 공동체 형성에 커다란 영향을 미쳤다. 이 시기의 가톨릭 노동운동은 인천교구의 지원과 협력을 통해 민주노조 운동의 정당성을 지역사회에 알리는 통로의 역할을 하였으며 노동운동의 주체 형성에 바탕이 되었다.

이 과정에서 인천 시민사회는 가톨릭 노동. 사회운동에 신뢰와 지지를 하였으며 가톨릭교회는 대중적 동원, 조직, 재정 등 다양한 자원을 지원하면서 민주화 운동에 중요한 기반이 되었다. 이러한 역할은 지역 민주화 운동의 영향력을 확대하고 대중적 토대가 되었다는 점에서 긍정적 평가를 내릴 수 있다. 그러나 87년 6월 항쟁 이후 제도교회의 보수화의 흐름이 커지면서 가톨릭 사회운동은 위축되었다. 이는 가톨릭 사회운동의 교회 내의 취약한 지도력, 대중적 토대와 활동의 한계를 보여준 것이었다. 가톨릭 노동청년회는 90년대 후반 이후 조직체가 사라지고 현재는 가톨릭 노동 장년회 활동으로 이어가고 있다.

현재 인천교구 노동사목은 2008년 노동자 인성센터로 그리고 2013년 분산되어 있는 노동사목을 통합하여 전문적인 노동자 센터로 확대한 후

---

31 「매일노동뉴스」, 2001.5.30.

〈그림 6〉 2016년 인천교구 노동사목, 전태일 열사 앞에서 노동자 주일 미사
(출처 : 가톨릭뉴스 지금여기)

노동자들과 그 가족들을 위한 상담심리와 교육, 노동문제 상담, 노동자 도서관 운영, 노동자 쉼을 위한 카페, 문화 프로그램 등을 운영하면서 오늘에 이르고 있다.

7. 현재의 노동운동 진단과 가톨릭 노동운동의 방향

90년대 이후 민주노총이 등장하면서 해방 이후 처음으로 노동조합운동의 정상적 지위를 획득하였다. 그러나 97년 IMF 외환위기와 신자유주의의 확산은 정규직과 비정규직이라는 이중노동시장으로 노동자가 분열되고 불평등이 확대되었다. 비정규직 노동자의 차별, 특수고용 노동자, 프리랜서, 여성 돌봄노동자 문제, 플랫폼 노동문제, 청년실업 등 여전히 노동권은 나아지지 않고 있다.

가톨릭 사회운동을 포함한 모든 사회운동의 목표는 차별과 계급 불평등을 넘어 평등하고 평화로운 사회를 구현하는 동일한 목표를 가지고 있다. 다시 한번 민주노조 운동의 정체성인 차별받는 노동자를 향한 '연대와 단결'을 통해 노동자의 '평등권'을 획득하는 것이 무엇보다 필요한 시점이다.

1) 중대재해법으로 본 노동현실

가톨릭교회의 사회적 가르침인 '사회교리'의 핵심은 노동의 신성함과 인간의 존엄이다. 인간의 존엄은 생명과 노동의 존중에서 시작된다. 인간의 노동보다 자본의 경제적 이익을 앞세울 수 없다. 가톨릭 노동운동의 원형을 제시한 까르딘 추기경은 "세상의 모든 금을 합친 것보다 노동자 한 사람이 더 귀하다"라고 하였다. 산재 사고가 가장 많이 발생하는 곳은 노동환경이 열악한 영세공장 작업장과 비정규직이 많은 건설 현장이다. 세계적인 경제성장 국가라지만 한국사회의 노동현장의 산업재해는 여전히 세계 최고이다.

한 국가의 노동자에 대한 생명 존중과 안전 수준을 파악하려면 산업재해 현황을 보면 객관적으로 검증할 수 있다. 최근 발표된 안전보건공단 자료에 따르면 2020년 우리나라는 경제협력개발기구(OECD) 37개 가입국 중 산업재해 사망률 1위로 산재 사망자 수가 OECD 평균치 0.48명보다 3배에 달한다.

2020년 산업재해 사망 노동자는 882명, 질병재해 사망자 1,180명으로 2,000명 넘으며 전체 산업재해자 수는 108,379명이다. 2020년 산재 사고가 난 사업장 규모를 보면 5인 미만 사업장인 312명, 5인~49인 사업장이 402명, 50인~99인이 53명으로 산재사고는 주로 규모가 작고 영세한 사업장에서 나타나며 건설업, 제조업에서 많이 발생하고 있다.

그러나 중대재해 처벌법은 5인 미만 사업장의 경우 처벌 대상에서 제외되며 50인 미만 사업장은 2024년까지 법을 유예하고 있다. 가장 많은 산재노동자 수가 발생하는 사업장을 제외하거나 유예하는 것은 노동 현장의 안전조치와 생명 존중을 방치하는 것과 다를 바 없다.

최근 발표된 시행령의 내용을 보면 위험작업의 경우 2인 1조를 배치할 수 있도록 하는 내용과 신호수 투입이 제외되었고, 근골격계 질환, 직업성 암 등 만성질환이 법 적용 대상에서 빠졌다. 그리고 과로사 근절 대책 등이 빠지고 법안의 내용을 더욱 후퇴 시켜 놓았다. 사업주의 이해관계를 중심으로 만드는 시행령으로 노동자의 생명을 지킬 수 없다. 여전히 노동현장은 '죽음의 현장'으로 반복되고 있는 것이 오늘의 현실이다. 산재 노동의 해결 없이 노동운동의 미래는 없다. 최근 누더기가 되어버린 중대재해법의 시행령 개정을 위해서 가톨릭교회는 인간 존엄을 최고의 가치로 여기는 교회정신에 따라 그 의무를 다해야 한다. 노동 존중의 권리는 무엇보다도 귀중한 생명을 지키는 것이기 때문이다.

2) 위기에 빠진 노동운동

97 체제 이후 신자유주의가 한국 사회에 전면화되고 비정규직 확대와 사회적 불평등이 늘어나면서 노동운동은 위기를 맞게 되었다. 정규지 대기업 노조운동은 보수화와 개량화의 길을 걸으면서 노동운동은 급격하게 사회적 영향력을 잃어갔다.

노동계급은 신자유주의의 이데올로기에 포획되고 노동자 내부의 갈등도 깊어갔다. 한국 사회는 세계 유례가 없는 '압축적 근대성' 사회를 경험하고 초고속 성장을 이루었지만 무한경쟁 사회로 공동체적 가치는 잃어버렸다. 경제 선진국이라고 하지만 가장 높은 자살률과 산재 사망률, 사회적 양극화와 비인간적 경쟁체제, 부의 세습사회, 반칙과 불공정한 사회가 되었다. 노동운동 역시 70~80년대의 왕성한 소모임 활동과 공동체적인 계급문화를 상실하고 연대가 사라졌다.

노동운동이 전체 노동계급을 대변하고 미래 사회를 선도하는 전망이 부재한 상태에서 사회임금이 아닌 개별 사업장의 임금인상에만 집착하는 경향이 강해졌다.

최근 민주노총의 각 부문 조직과 사업장에서 벌어지는 일로 사회적 지지를 잃어 가고 있다. 현대, 기아, GM 정규직 노조 간부들이 연루된 채용 비리 문제, 조합원 자녀 고용세습, 정규직 노조의 비정규직 투쟁에 대한 외면과 갈등은 노동운동의 연대 정신을 훼손하는 심각한 문제이다.

인천국제공항 정규직 전환 등 공공기관의 정규직화 문제, 기간제 교사의 정규직 교사 전환, 교육공무직 교직원 전환 입법 등은 정부의 문제도 있지만 정규직의 반대로 이루어지지 못하고 있다.

얼마 전 국민건강보험공단 상담센터 비정규직 정규직화에 대해 정규직 노동자들이 반대하는 일까지 벌어졌다. 기존 노조는 공정과 형평성 등의 명분으로 정규직 반대를 하고 있지만 이는 비정규직 해결이라는 대의에 어긋난 것이다. 노동운동 스스로 비정규직 철폐라는 주장을 하면서 비정규직의 정규직화를 반대하는 것은 '동일노동 동일 임금'이라는 노동운동의 기본적인 원칙을 저버리는 행위이다. 노동자 내부에서 발생하는 정규직화 반대 혹은 외면은 기존 노동운동의 반성과 깊은 성찰을 해야 할 지점이다. 차별받는 노동자에 대한 정규직 노동자의 '연대와 단결' 없이 노동운동의 미래는 없다.

3) 4차 산업혁명, 기후위기, 코로나 시대의 새로운 노동문제

사회는 급변하고 있다. 세계경제가 고용없는 저성장 시대에 접어든지
이미 오래되었다. 4차 산업혁명의 등장으로 기존 산업이 재편되고 있다.
세계경제포럼은 2016년 1월 '4차 산업혁명' 사회에서 예상되는 '일자리
의 미래 보고서'를 발표했다. 이 보고서는 향후 5년간 세계 고용의 65%
를 차지하는 선진국 및 신흥시장 15개국에서 일자리 710만 개가 사라지
고, 4차 산업혁명으로 210만 개의 일자리가 창출되어 500만 개의 일자
리가 감소할 것으로 전망했다.

최근 투자은행 모건스탠리는 향후 5년 내 글로벌 자동차 산업종사자
1,100만 명 중 300만 명이 실직할 것으로 예상했다. 4차 산업혁명은 디
지털 산업의 확대로 나타나며 새로운 직업이 출현하고 있다. 현재 플랫
폼 노동자의 확대가 바로 그것이다. 새로운 직업과 직종이 늘어나고 있
지만 노동운동 세력은 이러한 산업재편에 대해 어떻게 그 대안을 수립할
것인지 아직 불명확하다.

2019년 말 시작된 코로나 사태는 여전히 진행 중이다. 오히려 전염자
수가 증가세를 보이고 있다. 코로나 현실에서 계급 불평등은 그대로 반
영된다. 코로나는 먼저 서비스 노동자, 영세사업장, 이주노동자, 자영업
자, 실업 상태에 놓인 주변화된 노동자들에게 고용불안으로 먼저 다가왔
다. 여성이 대다수인 돌봄 노동자들은 위험에 노출되었고 이들의 도움을
받아야 할 사회적 약자는 더 큰 고통을 당하고 있다.

전혀 상상도 못 했던 언택트(Untact) 시대가 시작되고 사람들의 사이

에 거리가 생겼다. 그러나 자본주의 사회의 대다수 노동대중에게 비대면 사회는 불가능하다. 당장 일하지 않으면 살 수 없는 사람들을 가득 채운 전철을 들여다보면 너무도 명확히 알 수 있다.

코로나에 대한 원인은 인간의 생태계 파괴로 인해 나타난 기후위기와 깊은 상관관계가 있다. 최근 전 세계적인 폭염과 산불, 홍수 등을 보면 기후 위기의 심각성은 예사롭지 않은 상황이다. 이미 세계는 기후위기 심각성을 인식하고 2016년 파리협정 이후 121개 국가가 '2050 탄소중립'을 선언하였다.

그러나 세계가 자본주의의 '성장' 이데올로기를 포기하지 않은 상태에서 탄소중립화가 지켜질 것이라고 믿는 사람은 거의 없다. 기후위기와 노동은 깊은 상관관계를 가지고 있다. 기후위기 마저 자본의 이익으로 만들기 위한 산업재편이 이루어지고 있다. 소위 그린뉴딜 역시 자본의 구도에 따라 노동의 소외가 나타난다. 그러나 이러한 생태위기적 상황에서 노동운동의 인식은 아직 낮다.

최근 기후위기가 심각해지면서 탈석탄·탈핵에 기초한 '정의로운 전환' 혹은 '녹색 노동운동'의 담론이 노동운동 일부에서 제기되는 것은 바람직한 일로 보인다. 그러나 이러한 대응은 극히 극소수의 반응이다. 당면한 기후위기와 에너지 정책 변화에 대해 노동자의 대응에는 심각한 괴리가 생기고 있다.

최근 에너지 정책의 변화를 둘러싸고 노동자의 상반된 입장을 보면 알 수 있다. 현재 화력·원자력 발전소의 노동자들은 화력발전소 폐쇄와 탈원전 정책을 근본적으로 반대하고 있다. 노동자의 생존권이 위협받는 것에 대해 근본적인 대책을 요구하는 것은 당연하지만 단순히 반대 논리로 에너지 정책 변화를 막을 수 없다.

자동차 산업의 경우 친환경 자동차, 전기차 생산으로 전환하고 있지만 노동조합은 해당 사업장의 정규직 노동자 정년연장을 요구하며 개인의 이해관계 수준을 넘어서지 못하고 있다. 자동차 산업에 종사하는 전체 노동자, 하청업체 등 동일 업종의 노동자들의 고용문제가 어떻게 발생할지 대응은 없다. 전체 노동자의 생존권을 어떻게 지키고 대안적 사회를 마련하기보다 각자도생의 방식으로 생존하려는 것이 현재 노동운동의 수준이다.

4) 뉴노멀 사회와 가톨릭 노동운동의 방향

코로나 이후 세계는 '뉴노멀'(New normal) 시대에 돌입했다. 기존 경쟁 사회의 성장 이데올로기, 소비에 기반하는 자본주의 방식으로 지구공동체는 살아남을 수가 없다. 기존 패러다임(Paradigm)을 넘어선 새로운 가치를 정립하고 자본주의 질서를 넘어서는 대안적 삶과 문화가 없는 한 세계, 국가, 자본, 노동의 미래는 없다.

현재 사회는 노동의 위기이며 경제의 위기이고, 생태적 위기이다. 생존권의 문제를 넘어서 인간존재의 위기적 상황이 예상되고 있다. 기후위기로 지구라는 '공동의 집'은 위협받고 있다. 위기의 원인은 기존 자본주의 체제에서 누적된 문제로 복합적이며 서로 연결되어 있다. 바로 사회의 공동선을 바라는 운동이 연대할 이유이다. 현재 가톨릭 사회운동, 노동운동은 그 방향과 목표를 새롭게 발견해야 할 시점이다. 노동사목 등 가톨릭 사회운동이 고통받는 노동자와 연대하고 사회정의를 위해 노력하는 것은 당연한 일이다. 그러나 이전의 방식으로 현재의 위기를 넘어설 수 없다.

공생하는 삶의 방식과 공동체 문화를 복원시키는 실천이 필요하다. 가톨릭 노동운동을 포함한 종교. 시민사회 운동은 이제 4차 혁명과 기후 위기, 팬데믹이라는 위기 사회를 넘어서기 위해서 새로운 가치를 제시하고 공동선을 향한 연대운동을 펼쳐야 한다. 기존의 사회운동은 서로 다른 요구와 주장, 이해관계를 넘어서 죽임의 문화가 아닌 '살림'의 공동체라는 목표를 향해 힘을 모아야 한다.

3장

환경회복과 상생공동체 건설을 위한 실천적 대안

: 가톨릭환경연대의 활동을 중심으로

권창식

1. 머리말

천주교 환경운동의 비전과 교회의 환경신학적 관점을 가장 잘 설명하는 문장은 무엇일까? '창조주 하느님과 함께하는 평화, 모든 피조물과 함께 하는 평화'가 아닐까? 의견을 달리 하는 사람도 있겠지만, 지난 30년 가까운 시간 동안 가톨릭환경연대 활동에서 모토로 삼았고 가장 많이 인용했던 구절은 바로 이 문장이다. 교회 내 환경운동가들은 환경에 대한 신자들의 관심과 실천적 참여가 본격적으로 일어난 시기를 1990년대 이후로 잡는다. 교황 요한 바오로 2세께서 1990년 1월 1일 세계 평화의 날을 맞아 발표한 담화문의 제목이 바로 이 문장이며 이를 그 신호탄으로 본다. 물론, 그 이전이나 이후에도 여러 교황님들의 환경과 생태에 대한 성찰과 교회와 신앙인들의 환경에 대한 생각을 일깨우는 말씀들이 많았고, 최근의 프란치스코 교황님의 회칙 '찬미받으소서'(LAUDATO SI')에서 집대성되었다는 데는 이견이 없다. 단, 가톨릭환경연대가 활발하게 활동하던 시절 즉, 우리나라의 본격적인 교회 환경운동, 환경사목의 큰 밑그림을 그리던 시대에는 바로 이 문장에 기반하여 활동했다고 해도 과언이 아니다.

이 담화문을 조금 더 들여다보면 다음과 같다. 하느님께서 보시니 참 좋았던 세상이 그분이 가장 사랑하는 인간들의 탐욕과 잘못으로 점점 더 훼손되고 있다. 이는 그로 말미암은 생태계의 위기와 인류의 도덕적 위기까지 초래하고 있다고 지적한다. 그래서 우리는 현대사회의 생활양식에 대한 진지한 성찰을 통해 인류 공동유산인 지구 자원의 보전과 창조 질서를 회복하는 일을 시작해야 한다. 하느님의 영광을 드러내는 모든 피조물과 모든 사람들을 위하여, 모든 피조물과의 형제자매 의식으로 피조물을 존중하고 보살피는 것이 우리의 중대한 의무임을 일깨운다. 그렇게 건강한 환경을 보전하려는 신앙인들의 투신은 창조주 하느님께 대한 신앙에서 직접 뻗쳐 나오는 것임을 명확히 하여, 한국 천주교회 환경운동의 신학적, 철학적 근거가 되어 온 것이다. 가톨릭환경연대의 전신인 가톨릭환경연구소의 철학적 근거도 이에 기반한다.

2. 인천교구의 지역 환경

인천교구는 인천, 부천, 김포, 강화, 옹진, 시흥 및 안산 일부지역을 포괄한다. 가톨릭환경연대의 주요 활동 영역은 인천광역시 지역이었다. 물론, 경인운하는 김포와 부천 지역을 지나고, 새만금이나 4대강 사업저

〈그림 1〉 본당환경강론

지 활동 때는 전국 방방곡곡에서 힘을 쓰기도 했지만, 인천지역을 근거한 활동 비중이 높다. 따라서 인천의 일반적인 특성을 이해하는 것이 인천 가톨릭환경연대의 활동방향이나 그간의 성과와 한계를 평가하는 데 도움이 될 것으로 본다. 인천은 산업도시와 항구도시의 특성을 모두 가지고 있다. 이를테면 과거 인천항은 수입 곡물, 사료 원자재, 원목, 바다 모래 등 우리나라 벌크화물의 70% 가까이를 감당했었다. 자연히 화물의 하역, 수송에 먼지나 오염물질이 많이 발생하였고, 4·5·6국가공단과 남동공단, 주물공단 등 제조업체들이 생산활동을 하고 있다. 생산활동을 하면서도 많은 대기, 수질 오염의 원인이 되었다. 해안가로는 국내최대의 LNG인수기지를 비롯하여 서울과 경기지역 전력을 공급하기 위한 LNG화력발전소들이 늘어서 있으며, 영흥도에는 당시 아시아 최대규모라 할 만한 유연탄 화력발전소가 들어서고 있었다. 그리고 서구의 수도권매립지에는 서울, 경기, 인천지역의 쓰레기들이 매립된다.

이처럼 화물의 선적, 하역, 수송과 상품의 제조, 생산, 폐기에 이르기까지 인천지역 수요만이 아닌 수도권 나아가 전국의 환경부담을 상당히 떠안고 있는 입지다. 최근에야 주거형 신도시 개발과 산업시설 재배치를 통해 상당히 조정이 되긴 했지만, 인천은 일제시대와 한국전쟁 그리고 70년대 산업화시대를 거치면서 사실상 산업시설과 주거공간이 혼재하여 위치함으로써 환경오염 피해의식이 높았다. 더욱이 수도 서울로 가는 많은 사람과 화물로 인한 교통문제, 갯벌매립과 녹지 훼손, 경인운하건설 등 국책사업의 추진으로 대규모 자연생태계 파괴를 겪게 된다. 더욱이 중국 등지에서 건너오는 황사와 미세먼지의 첫 도착지이며, 한강을 통해 유입되는 부유 쓰레기와 미세플라스틱으로 인한 인천 앞바다 생태계 파괴와 교란이 상존한다는 것을 지역적 특징으로 볼 수 있다. 이런 다양한 환경문제를 개선하고 해결하기 위한 노력을 기울이는 환경운동 조직들이 생겨나는 데 가톨릭환경연대는 인천지역에서 어느 단체보다 먼저 고민하고 활동해 온 단체이다.

3. 인천교구의 현황

2020년 12월 31일 기준, 인천교구의 규모는 인천광역시, 경기도 부천시·김포시·시흥시(일부)·안산시(일부) 등의 1개 광역시, 3개 시를 관할하고 129개 본당, 33개 공소에 속한 1명의 주교, 351명의 사제와 약 52만 명의 신자가 있다.(※출처: 인천교구 홈페이지 http://www.caincheon. or.kr)

〈그림 2〉 천주교환경음악회 (2006년 11월), 답동성당

4. 인천가톨릭환경연대의 활동 경과

1) 창립 배경

가톨릭환경연대는 1990년대 초반 무렵 환경에 관심 있는 몇몇 사제와 몇몇 교회 내 사회운동경력의 평신도들이 환경학습모임으로부터 시작된 자생적인 조직에서 탄생했다. 이들은 신자들과 함께 아바나다 가정 만들기 등 다양한 프로그램을 진행하기도 하고, 굴업도핵폐기장반대와 경인운하건설반대운동 등 인천지역의 굵직한 환경 현안 문제 해결을 위해 주도적으로 참여하거나 지역의 제시민사회단체들과 연대하며 활동해왔다.

앞서 언급한 교황 요한바오로2세의 1990년 생명의 날 담화문이 발표되던 무렵에 우리나라 천주교 환경운동단체들이 대부분 태동한다. 서울

〈그림 3〉 가톨릭환경연구소 창립
(1993년 7월 29일)

대교구 한마음한몸운동본부, 대구 푸른평화, 인천 가톨릭 환경연구소(가톨릭환경연대 전신), 그리고 각 교구별 정의평화위원회 산하의 환경소위원회들이 90년대 초반에 창립되어 교구별로 나름대로 활동을 진행했다. 그러나 몇 년 지나지 않아 동력은 고갈되고 대부분 한계에 봉착한다. 쇠퇴의 외부적인 요인들중 하나는 교회가 자생적인 환경운동의 움직임을 공식적으로 인정하는 데 인색했으며 수용, 확산하기보다는 무관심으로 일관하였다는 점, 그리고 일부 소수 교구에서 관심을 가진 교구조차 교회 성직자와의 사업추진 방식 차이에 따른 갈등 등으로 활동이 위축되곤 했다는 점을 들 수 있다. 이는 물론 신자들의 급격한 환경의식 고양에 비해 환경단체에 직접 가입후원하거나 집회, 시위 등 실천적인 집단행동에 참여하는 단계까지 가는 사람들은 매우 적은 천주교 신자들의 보수적 소극적인 태도에서도 엿볼 수 있다. 한편, 단체나 조직의 내부적 요인으로는 주로 교회환경운동조차 사회의 환경운동과 마찬가지로 활동가들의 자발성과 희생에 의존하는 열악한 근무조건을 개선시키지 못한 탓으로 만성적인 환경활동가 부족이 심했다는 점, 또 깊이 있는 연구와 자료축적을 하지 못해 철학적, 신학적 내용이 빈곤했던 점이 활동을 서서히 위축시킨 이유라고 볼 수 있겠다.

그러다가 교구별 각 단체들도 2000년 무렵 안팎으로 대희년을 준비하면서 스스로 자기역할을 찾거나, 관련 단체 간 네트워크를 통해 연대활동이 늘어나면서 재기의 계기를 맞았다. 이는 그 후 90년대 후반 원주교구의 동강댐 건설 반대운동, 2000년대 초중반의 전주교구가 중심이 되어 시작된 새만금 간척사업반대운동, 2000년대 후반부에 전국적으로 확대된 한반도 대운하와 4대강 사업 반대 등의 국가적 현안 문제와 연결되면서 전국적인 힘을 가지게 된다. 더불어 정의구현전국사제단 소속 성직자들과의 교류, 연대, 협력을 통해 교회 내에서도 어느 정도 자리를 잡아나간다. 이 글에서는 인천교구의 환경운동 즉, 가톨릭환경연대를 중심으로 진행해 온 교회 환경운동을 짚어보고 향후 교구 환경사목과 환경운동이 어떻게 상생하고 서로 성장해나갈 것인지 부족하나마 생각해보고 제안하고자 한다.

인천교구는 2000년 제1차 인천교구 시노드에서 농어촌·환경사목 의안을 작성하면서 제안된 교구 비전 계획에 따라 교구는 사제, 수도자, 평신도 전문가가 참여하는 인천교구 환경사목위원회를 구성하였으며, 2003년에는 교구 사회사목국내에 환경사목부를 두게 되었다. 가톨릭환경연대 사무국장과 직원 일부를 환경사목부 직원으로 흡수하여 환경사목위원회, 환경사목부, 가톨릭환경연대가 삼위일체형 활동으로 10여 년을 시너지효과를 내며 활동했다. 교구 환경사목부와 환경사목위원회의 정착을 통해 교구장의 환경사목 지표달성을 수행하면서 교회의 사회복음화를 위해서도 활발하게 활동하는 등 상당한 양적 질적 성장을 이뤘다. 덕분에 지역 내에서도 천주교의 환경운동에 대한 존재감도 보였다.

2) 단체 활동의 목적

가톨릭환경연대는 정관 제2조의 목적에서도 밝히듯 '환경·생명운동을 통하여 교회 쇄신과 사회복음화의 과제를 실천하고 하느님의 창조질서를 보전하는 것을 목적으로 한다.'라고 규정하고 있다.'교회쇄신'과 '사회복음화'라는 목표는 민주화 운동을 지향하던 1970년대부터 이어온 것으로 가톨릭환경연구소[1]의 창립 배경이나 발기인과 회원들이 몸담았던 천주교 사회운동 경력과 관련이 있다. 창립에 참여한 사제, 평신도들은 대부분 학생운동, 노동운동을 포함 민주화운동을 경험하거나 지지하는 사람들이 많았다.

가톨릭환경연구소는 1990년대 초반의 낙동강 페놀사건 이후 민주화운동으로만 집중하던 교회 주변 활동가들이 환경문제에 대해서도 눈을 뜨고 교회가 민주화운동에 목소리를 내었던 것처럼 환경문제에 대해서도 적절하게 대응하고 참여해야 한다는 필요성을 느낀 것으로부터 시작되었다. 당시 군부독재 시대가 종료되고 문민정부를 지향하던 시절의 사회적 분위기에서 일반 신자들과 함께 할 수 있는 운동을 찾아야 한다는 활동가들의 절박함 같은 것이 천주교 환경운동에 대해서도 진지하게 고민하게 된 배경이다. 그러던 차 환경운동이 '하느님의 창조질서 보전'이라고 정의함으로써 환경문제에 대한 교회와 신자들의 관심과 참여를 합당하게 본 것이다.

하지만, 초기 가톨릭환경연구소는 당시 교회 안에서 활동하던 여타의 운동 조직과 마찬가지로 문제 인식에서 인간과 자연생태계간에 구체적인 철학적 신학적 기반이 부족했다. 역사문화에 기반한 통일된 세계관을 가지지도 못한 상황에서 뜨거운 열정과 당위성만 가지고 교회쇄신과 사

---

1 가톨릭환경연구소: 1993.7.29.일 창립한 가톨릭환경연대의 전신. 1999.4 총회를 통해 가톨릭환경연대로 단체명 변경함.

회복음화라는 과제를 부르짖은 부분도 있다. 따라서 구조적이고 권위주의적인 교계 구조 안에서 교회쇄신은 선언적 의미에만 머물렀고, 대신 사회로 세상으로 관심을 기울이는 열린 교회, 사회복음화에만 집중한 게 아닌가 한다. 초기 가톨릭환경연구소 역시 환경운동으로 어떻게 교회 쇄신을 이룰 것인가에 대한 구체적 프로그램은 가지지 못했고, 다만 의사결정구조에서 평신도와 사제들이 토론과 협의를 통해 민주적으로 소통하고 결정하는 구조를 가지고 운영해왔다는 점에서 천주교 내 다른 운동단체와의 차이점이라고 할 수 있다. 이 또한 초기 사제 발기인 및 지도신부님들이 평신도 활동가들의 열정과 전문성을 존중하고 인정하는 가운데 함께 노력을 기울여온 대인적 기질과 선구자적인 품을 가진 분들이었기에 그나마 가능한 일이었다고 본다. 위와 같은 의미로 볼 때, 앞으로도 바람직한 천주교 환경운동의 발전을 위해서는 교회 쇄신과 사회복음화의 과제는 끊임없는 성찰과 방향 재조정의 의미에서 지속적으로 확인되어야 하고 그 완전한 실현을 지향해야만 하겠다.

3) 조직 변화 단계별 활동

인천가톨릭환경연대의 활동을 조직 변화 단계에 맞춰 크게 ①창립기(1993. 7.창립~1999. 3.), ②성장기(1999. 4. 가톨릭환경연대로 개명~2012. 12.), ③성숙·분화기(2013. 1.~2021. 현재)로 구분하여 살펴보고자 한다.

가. 창립기(1993. 7. 창립 ~ 1999. 3.)

가톨릭환경연구소의 창립전 준비모임은 1991년 말부터 시작되었으며 1993년 7월 29일에 정식으로 창립하였다. 초기 활발한 활동이 1995년경

재정적 난관에 부딪혔고 비상대책위원회를 구성하여 새로운 시민환경단체로 거듭나는 단체명 개정과 구조 개편이 있었다. 이 시기는 가톨릭환경연대로 재창립하기 전인 1999년 3월까지로 볼 수 있으며, 주요활동은 다음과 같다.

자력갱생의 원칙을 지키며 야심차게 출범하여 활발하게 활동했지만, 급격한 사회환경의 변화로 인해 가톨릭환경연구소는 재정적 어려움을 겪으며 존립까지 위협받았다. 심지어 사업은 누적된 적자로 상근 실무자들이 생활고를 견디지 못하고 떠나게 되었고 사무실조차 가톨릭회관내에 정의평화위원회 사무실에서 더부살이하는 상황에 다다랐다. 이는 천주교 환경운동에 대한 정체성이 확립되지 못한 상태에서 사업이나 활동 위주로만 활동가들을 몰아친 것이 위기 초래의 한 원인이 된 것 같다. 1998년 하반기에는 명실상부 시민사회 조직으로 거듭나기 위한 논의를 진행하게 된다.

(1) 자원재활용센터(집하소) 운영

교구 내 참여 본당 대상으로 폐지, 폐신문지, 공병, 우유 팩을 수거하여 자원재생공사를 통해 재활용하는 사업을 추진하였다. 초기에는 15개 본당과 신자들의 관심과 참여율이 높아 반향이 컸으며 단체 재정적으로도 큰 도움이 되었다. 가톨릭환경연구소 창립 당시 발기인들은 1인당 100만 원~200만 원 초기투자금을 분담하여 집하소 운영자금을 확보하는 등 교구의 보조 없이 자력갱생 원칙을 지켜나갔다. 그러나 1995년 1월 1일 전국적인 쓰레기종량제가 실시되면서

본당 단위의 폐지와 공병 등 재활용품 수거 이유가 사라지면서 급격한

재정적 어려움을 겪게 된다. 거듭되는 적자를 다른 재정사업으로 보완하다가 결국 1995년 중반에 집하소 문을 닫게 된다.

(2) 환경바자회 및 환경학교 개설

가톨릭환경연구소는 천주교 내 신자들의 환경의식 실태조사를 통한 교육활동을 진행하였으며 실천적인 활동을 위해 분기별 환경바자회 전시회 개최, 대학생과 청년대상 환경교육, 주부환경학교, 초등학교 환경캠프 진행을 통해 연령대별 시민들의 환경의식 고양을 위해 노력했다. 생활공동체운동을 지향하는 생활협동조합, 우리밀살리기운동 인천본부의 태동에도 역할 하였는데, 이는 우리농촌살리기운동인천본부로 발전하게 된다. 세제, 비누, 절수기 등 친환경제품들을 신자와 시민들에게 소개하고 판매하는 사업을 진행했다.

(3) 정보지 아바나다 발행

격주 발행 정보지인 '아바나다'를 매회 3만 부 발행 교구내 전 본당에 배포하였다. 당시 인천교구 주보 발행 부수가 약 7만부임을 감안하면 신자대상 홍보효과가 상당했고 재정적 기여도 컸다. 하지만 환경정보가 TV 등 매스미디어를 통한 제공에 익숙해졌고 전문적인 내용에도 한계가 있어 구독자의 열독율이 낮아졌고 홍보물의 본당내 관리의 어려움 등으로 자

〈그림 4〉 본당 아바나다운동의 중심이 된 재활용 집하소 (1993년~1995년)

원낭비 비판이 많아지면서 환경엽서로 바꾸어 발행하다가 이 또한 1998년 발행을 중단했다.

(4) 굴업도 핵폐기장건설 반대운동

1994년 12월, 정부의 굴업도 핵폐기물처리장 발표 이후 전국의 환경운동단체, 지역의 시민사회운동 조직이 연대하여 핵폐기장반대운동을 진행했다. 가톨릭환경연구소는 핵폐기장 건설반대 천주교대책위원회를 구성하여 서명운동, 홍보자료 제작배포, 집회 참가 등 적극적인 활동을 하였다. 1995년 한 해 동안 인천을 뜨겁게 달구던 굴업도 핵폐기장 문제는 굴업도에서 활성단층이 발견되는 등 지질학적 불안정성을 문제로 후보지 지정이 철회되면서 일단락되었다.

(5) 환경교육, 아바나다 장터와 아바나다 가정 만들기

청년, 주부 대상의 환경학교 강좌를 개설하였다. 매회 30여 명의 참여가 있었으나 강좌형태의 교육만 지속하는 것에 대한 문제 제기가 있어 재활용 중고장터인 아바나다 장터를 본당 순회 개최 형태로 추진하기도 하였다. 이어 친환경실천 가정모임인 '아바나다 가정 만들기 운동'을 통해 물, 쓰레기, 에너지 사용 줄이기와 생활양식 바꾸기 등 항목별 체크리스트를 만들어 일정기간(2개월) 동안 자가점검을 하면서 환경운동을 실시하는 활동을 하기도 했다. 아바나다 가정 만들기 운동의 대상은 처음에는 본당별 주부 중심이었지만, 본당 내 반모임과 레지오단체 등의 교회 내 소공동체를 중심으로 확대해나갔다. 2년 동안 총 5기에 걸쳐 진행되었는 데 참가한 총인원이 1,000여 명에 이를 정도로 반응이 좋았다. 매일 체크, 격주 공동체 모임, 정리로 아바나다 가정 선발·시상으로 진

〈그림 5〉 1990년대 인천교구 내 각 본당에서 실시된
아나바다 벼룩장터

행했다. 과정에서 모종 키우기, 천연화장품 만들기, 폐식용유 비누만들기 및 환경시설 및 농가 현장견학 행사 등을 진행하였다. 이후 4개 본당에서 아바나다 가정 모임이란 자발적인 환경동아리가 조직되기도 했는데, 관련 소식은 중앙일간지와 KBS 방송 등에서 관심을 가지는 등 시민들의 관심과 참여가 컸다.

(6) 본당 환경분과 지원활동

매년 연초에는 인천교구 내 각 본당의 환경분과(또는 관련 분과)의 유무와 활동내용을 조사하였다. 신설된 환경분과의 경우 본당 실정에 맞는 환경사목방향과 세부내용을 함께 논의하기도 하였다. 신자 환경교육, 미사강론, 아바나다 장터, 아바나다 가정 만들기 운동 등 다양한 지원을 하며 본당의 풀뿌리 환경분과 육성을 위해 노력했다. 대부분의 본당 환경분과가 인력과 예산이 절대적으로 부족했고 본당 사제의 의지에 의해 존망이 좌우되거나 본당 신부의 인사발령 등으로 관심과 지원이 없어지면 자연소멸되는 경우가 많았다.

(7) 영흥도 화력발전소건설 반대운동

굴업도 핵폐기장건설이 중단된 이듬해에 다시 인천 앞바다 영흥도에는 중국산 유연탄을 원료로 하는 화력발전소 건설계획이 추진되었다. 이에 1996년 5월 영흥도 화력발전소건설반대운동 천주교대책위원회를 결성하고 영흥도 주민, 인천지역 시민사회단체와 함께 연대투쟁을 진행했다. 영흥도 주민들은 주교좌성당인 답동 성당 주차장에서 1여 년에 걸친 장기 농성을 진행했다. 당시까지는 동인천지역이 인천의 중심시가지로 역할을 하던 시절이었으므로 인천시민사회는 크고 작은 시위와 집회의 정리를 답동성당 운동장에서 진행하는 경우가 많았다. 나굴리엘모교구장님을 비롯한 인천교구 사제와 신자들도 민중들의 아픔을 이해하려는 노력을 어느 종교보다 많이 기울였고 따라서 도움을 요청하는 손짓에 무관심하지 않았다. 그런 문화가 답동성당과 가톨릭회관을 민주화운동 시절부터 꽤 오랫동안 동시대의 아픔을 이해하고 보듬는 인천의 명동성당으로 역할 할 수 있게 했다. 하지만 당시 정부는 폭증하는 에너지 수요를 감당하기 위해 가장 손쉽고 단기적으로는 가장 경제적인 선택을 했다. 또 섬 주민들에 대한 당장의 경제적 보상과 개발을 통한 재산가치 상승을 기대하는 찬성 주민들을 설득하지 못해 결국 투쟁은 합의, 정리라는 수순을 따르게 되었다. 당시만 해도 탄소배출이나 기후변화에 대한 관심이 크지 않던 시절이고 경제

〈그림 6〉 영흥도 화력발전소 건설 저지

성 논리가 우선시되던 사회 분위기였으며, 시간이 길어질수록 주민들과 시민들의 농성 피로도가 쌓여만 갔던게 이유다. 결과적으로 영흥도 주민들만의 지난한 투쟁은 오늘날 기후위기의 원흉으로 분류되는 탄소배출 유발자, 유연탄화력발전소 건설을 막는 투쟁에서 실패했다. 인천시와의 협정으로 운영되는 영흥화력발전소 시민감시단의 역할로 환경오염문제는 그나마 합의된 기준치 이하로 관리되고 있으나, 당초 1, 2호기만 건설하겠다는 입장은 바뀌어 현재 6기가 운영되면서 탄소배출은 인천총배출량의 상당한 부분을 차지하고 있다. 신재생에너지로 대체하려는 노력을 기울이고는 있지만 당시와 현재의 손쉬운 선택에 대한 대가는 우리와 후손들이 두고두고 갚아나가야 할 것이다.

(8) 회원증대 및 활동회원 조직 재정비

쓰레기종량제 시행 이후 그간의 재정사업이 모두 중단되어 경제적 위기를 맞은 시기에는 단체 이사진을 일부 개편하고 전문경영인 성격으로 외부인사를 신임 소장으로 영입하기도 했다. 내부조직의 활성화와 안정적인 토대마련을 목표로 상근비도 제대로 받지 못하던 실무활동가의 희생과 새로 영입한 신임소장의 추진력으로 재정적 어려움이 많이 해소되었다. 또한 이 시기에 환경문제에 관심을 둔 신자와 일반시민들이 참여하는 편집실, 녹색기행, 청년환경모임 푸르뫼, 인터넷 동아리 '그린넷' 등의 동아리 구조로 개편하면서 활동회원층이 대폭 보강되었다. 청년층인 이들이 활발하게 조직에 결합하면서 가톨릭환경연구소는 침체기를 벗어나는 힘을 얻게 되었다. 1998년 하반기 들어서는 가톨릭환경연구소를 개편할 것에 대한 문제 제기와 활동에 대한 변화의 목소리가 터져 나오기 시작했다.

　　결과적으로 가톨릭환경연구소 6차 총회 준비위원회에서 '가톨릭환경
연구소의 전망과 과제'라는 문건을 통해 2000년 대희년을 맞는 가톨릭
환경연구소의 3가지 과제를 정리해낸다. 첫째는 환경과 생명문제에 대
한 긍정적인 선택을 통한 환경문제에 대한 폭넓은 인식 제고, 둘째는 나
로부터의 각성과 회개, 셋째는 회원이 결정하고 함께 행동하자는 것이었
다. 이를 위해 가톨릭환경연구소를 개편하자는 내용을 제안하였다. 제안
배경은 본당 환경분과와 기타 환경소모임과 유기적인관계를 형성하고,
'연구소'라는 명칭이 전문적인 기관을 칭하는 것으로 이해하는 경향이
있다는 점을 인식하고 단체 본연의 활동과 명칭을 일치시키자는 제안을
하였다. 회원들간의 오랜 논의와 토론을 거쳐 가톨릭환경연구소는 1999
년 4월, 가톨릭환경연대로 단체명을 변경하고 조직체계를 개편하게 되
었다. 가톨릭환경연대는 사제, 수도자, 본당 환경분과장, 환경전문가,
평신도 등 30명의 운영위원회를 구성하고, 그 아래로 사무국과 기획실,
회원사업실, 편집실, 녹색기행, 그린넷 등 각 부서 임원들로 구성되는

〈그림 7〉 가톨릭환경연대 출범식 (1999년 4월 22일)

집행위원회(후신 실행위원회)를 진행하였다. 2주에 1회씩 회의를 진행하여 전반적인 사업추진과 조직운영을 점검했다.

나. 성장기 (1999. 4 ~ 2012. 12.)

가톨릭환경연대로 개편한 이 시기에는 활동범위만 커진 것이 아니라 재정상황과 회원규모에서 큰 폭의 성장을 이루었다. 또한 교구 인준단체가 되면서 교구 연계활동이 수월해졌고 교구로부터 월 100만 원의 운영예산 지원을 받을 수 있었다. 2003년에는 환경사목위원회를 구성하였으며 박문초등학교 이전 및 교구청사의 이전에 따라 사무실도 가톨릭회관으로 입주하게 되었다. 늘 임대료를 걱정하며 이곳저곳 외부 사무실을 떠돌던 방랑시절을 끝내고 안정적인 활동의 기반이 마련된 것이다. 활동가도 사무국장 포함 상근 3~4명, 반상근 1명으로 가장 많은 활동가들이 근무했고, 다양한 분야로 분화된 활동회원도 40여 명 정도로 규모가 커졌으며 적극적인 외부활동과 본당회원 모집으로 지명도가 높아지면서 회비수입도 안정되었다. 가톨릭환경연대 개편 후 7차 정기총회부터 단체성장지표를 설정하여 매년 점검했다. 회원 수, 재정규모에서 후원회비 비율, 본당 환경분과 수, 소식지 발행 부수를 설정하여 매년 총회에서 당해연도 목표를 점검하고 활동 성과 평가를 통해 차년도 사업계획을 논의하여 함께 수립했다. '교회로, 지역으로, 회원과 함께, 자연으로'라는 슬로건이 나온 시기도 이 무렵이다.

(1) 교회관련 활동 – 인천교구 1차 시노드 환경사목의안 작성

2000년 대희년을 준비하며 시작된 제1차 인천교구 시노드는 4년의 준비과정을 거쳐 1999년 6월 6일 총 800여 명의 대의원들과 개막총회와 더불어 시작했다. 총 16개 사목 영역별 의안작성이 주요 목표였다. 환경연대는 농어촌·환경사목 영역으로 분류되어 우리농촌살리기운동인천본부와 가톨릭환경연대가 공동으로 간사단체를 맡아 진행했다. 해당분과 대의원은 총 67명이었으며, 매월 1회 전체분과 회의와 격주 소위원회 회의를 거쳐 환경사목의안을 작성했다. 먼저 본당실태조사를 통해 농어촌 환경사목의 현황을 파악하고 많은 토론과 심포지엄을 통해 전망을 마련했다. 이후 수차례에 걸친 수정작업을 통해 의안을 상정하여 2000년 11월 19일 시노드 폐막미사에서 타 사목 영역 의안과 함께 발표했다.

농어촌 환경사목 의안은 각각 나누어 진 채 1장 교회의 가르침, 2장 교구의 현실, 3장 실천요강과 개선 제안으로 구성되어 있다. 특히 환경사목 영역 의안은 교구 환경사목 방향에 대해 방향을 제시하였다는 점에서 의의를 갖는다. 특히 환경주일 제정, 교구장 환경담화문 공식 발표로 교회의 환경사목 의지를 대내외에 드러낼 것과 환경사목부 및 환경사목위원회의 설치, 교구와 본당 스스로 친환경적인 공간으로 거듭나는 것, 교회 내 환경교육을 활성화하고 체험프로그램을 개발할 것, 친환경적인 지역공동체 만들기에 교회가 적극적으로 나설 것 등을 기술하였다. 현재의 환경사목부와 환경사목위원회 및 본당 환경분과와 하늘·땅·물·벗 소공동체 그리고 가톨릭환경연대는 당시의 청사진과 뼈대를 이루는 제안에 따라 실천을 거듭해온 결과이기에 교구 시노드의 의미와 역할은 지대했다고 볼 수 있다.

(2) 교회환경교육활동

구반장 월례교육(매년 2회), 본당 환경강론(연 10회), 교구 레지오 지도자 환경피정(연 2회), 교리교사 환경교육(연 2회), 가톨릭복지기관(남동종

합사회복지관, 산하 공부방), 각급 학교(박문여중고, 대건고등학교 등)에서 환
경교육을 진행했다.

① 환경교육 강좌

회원들과 관심 있는 신자들이 함께했던 생명평화기원미사(미사 중 강
연), 신자대상 환경교양강좌가 매월 한차례 정도 수요일 저녁에 진행되
었다. 소규모 미사이긴 했지만, 평일에 회원들이 각자 일상적인 업무를
마치고 참여하는 방식이라 대규모 인원의 참여가 쉽지는 않았다.

② 본당 환경분과 설립과 그 활성화 사업

본당 환경분과 설립과 활성화를 지원하는 분과장 연수 및 지구별 순회
회합을 몇 년간 매주 화요일 저녁 시간대에 진행했다. 본당 환경조직 책
임자 교육, 본당 환경교육 및 환경캠페인 지원, 도농교류 프로그램, 녹색
교회 운동을 위한 활동매뉴얼을 함께 준비했다. 본당 환경분과 설치에
환경사목부 담당 사제와 환경연대는 상당히 열심이었지만, 사실상 교구
장님이나 사회사목국에서는 경찰사목 등에 비해 적극적인 의지를 보여
주지는 않았던 것 같았다.

반면, 시대가 변한 덕분일까? 최근의 주교님은 환경사목교서는 물론
이고 주교관과 사제관에서 먼저 모범적으로 플라스틱 쓰레기를 줄이기
위한 생수병 반입금지 및 수돗물 끓여마시기를 실천하고 계시단다. 이는
산하 본당에 교구장 환경사목방침에 대한 이보다 더 강력한 신호가 있을
까 싶다.

③ 환경교육지도자, 자연안내자 양성

자체 환경교육역량을 강화하기 위해 환경교육지도자와 자연안내자 양성프로그램을 1999년 하반기를 시작으로 매년 상하반기로 2회씩 실시하였다. 이론과 체험을 병행하는 환경교육 강좌로 양성된 자연안내자들은 단체내부 교육실에서 활동하기도 했지만, 소래염전습지, 문학산, 월미산 등 현장에서 체험환경교육을 진행하여 지역환경단체 중에서는 선구적으로 환경교육 활동을 정착시켰으며 이후 각급 학교와 사회환경교육의 전형을 만들며 확산되었다.

- 민들레 환경탐사단

2000년 시작된 '민들레' 어린이 환경탐사단 운영은 자라나는 다음 세대의 생태적감수성에 대한 중요성을 인식하고 지역에서 최초로 추진한 체험환경교육 프로그램으로 정착되었다. 이후 인천녹색연합, 인천YMCA

〈그림 8〉 민들레 어린이 환경탐사단 여름캠프
(2002년 8월. 선제도 공소)

등에 프로그램이나 강사파견을 통해 체험환경교육 프로그램을 지역으로 확대시켰다. 어린이 및 청소년 환경탐사단은 현재 20주년을 지나 매 학기별 40명 규모로 환경교육을 진행했으니 거쳐 간 어린이, 청소년들만 줄잡아 천여 명이 넘는다. 민들레 환경탐사단은 매월 한두 차례 현장탐사 환경교육을 진행하고, 여름에는 1박 2일 정도의 생태캠프를 지속적으로 진행하였다.

– 대중강좌와 미사

그리고 성인신자들과 일반시민들을 위한 대중 환경강좌도 꾸준히 진행했다. 매월 한 차례씩 환경·평화·생명을 주제로 한 수요강좌에는 20명 내외의 소규모 인원이었지만 지역과 사회에 환경담론을 확산하는 데 일정 기여를 했다. 이는 이후 1기 '환경과 문학'을 주제로 최성각 시인, 안도현 시인, 고형렬 작가를 초대하여 성인들의 생태적 감수성을 회복하려는 시도를 하였고, 2기에는 '환경과 영성'을 주제로 허병섭 목사, 이현주 목사, 정일우 신부를 모셔 종교 간 경계를 넘나들며 생태영성에 대해 생각하는 시간을 가졌다.

〈그림 9〉 대중강좌

　이는 생태영성, 환경신학 및 생활속 환경실천 이야기, 전문가 초청 강좌로 이어갔다. 사업의 명칭은 '생명길 좁은문 환경아카데미' 등으로 바뀌었지만 늘 당시의 환경 현안에 대해서 먼저 고민하고 신자들과 공감대를 넓히기 위해 오랫동안 계속되었다. 신자들의 인문학적인 지적 호기심과 현안과의 시의성을 고루 갖춘 신선한 내용의 주제와 강사를 찾기도 힘들고 신자들의 참여율도 그다지 높지 않은 것은 늘 문제였다. 나중에는 청년·노동·환경·정평위 등 사회복음화공동체 소속 단체 활동가들이 연대하여 준비하는 월례미사와 합동강좌로 진행하게 되었다.

④ 환경성모회

　특기할 만한 것은 2008년부터 교회 내 주부 신자들을 대상으로 하는 환경성모회 활동이다. 이들은 생명살림 먹을거리, 에너지 절약과 맑은 물 보전, 자원순환과 쓰레기 감축의 문제에 대해서 누구보다 먼저 실천하고 지키는 데 앞장서는 주부들로

〈그림 10〉 환경성모회, '주부환경실천모임'
(먹을거리, 물, 에너지 등 교육)

서 함께 모여 학습하고 체험하며 각 본당에 돌아가 실천하는 소공동체였다. 기도하면서 실천하고 실천하면서 기도하는 명실상부한 환경성모회였다. 지도신부님의 제안으로 시작된 매월 정기미사와 교육 및 실천활동을 이어가며 3년여에 걸쳐 이어졌다. 정기적인 독서모임과 유용미생물(EM)보급 교육, 천연세제와 천연화장품, 천연염색 등 체험활동과 본당

교육활동을 진행했다.

⑤ 교리교사회 교육 및 환경캠프 진행

본당 교리교사들을 대상으로 교구 청소년국과 연계한 환경교육 연수를 매년 한두 차례씩 위탁 진행했다. 자연 속에서 하는 프로그램을 소개하고 교리교사 대상 환경강좌를 추진하였는데 반응이 갈수록 좋아졌다. 몇몇 본당에서는 체험교육 프로그램만 배워가는 것이 아니라 환경연대에 여름생태캠프의 기획부터 진행까지 전부를 위탁하여 진행하기도 했다. 그 프로그램을 각 본당에 사례로 소개하기도 했다.

(3) 교회 내 연대 활동

2000년 7월, 부천 바오로피정의 집에서 생명공학안전윤리법제화를 위한 전국환경사제모임과 환경사목조직 전체 워크숍을 진행했다. 당시 사회에서 한창 각광받던 유전자 조작(GMO)과 생명공학의 위험한 이면에

〈그림 11〉 천주교환경연대 창립식 (2002년 6월 3일. 서울 명동성당)

대해서도 창조질서 보전의 관점에서 살펴보자는 취지였다. 이후 격월로 대전, 평창, 안동, 새만금, 서울 등지에서 전국환경사제모임을 개최하며 전국적 네트워크의 기반을 확장해 나간다. 이는 당시 가톨릭환경연대 지도신부이자 전국환경사제모임 대표를 맡고 있던 고.유영훈 신부님의 열성적인 의지와 지원 덕분이다. 이는 후에 전국 각 지역의 교회환경운동 조직과 사제, 활동가들이 함께 참여하는 2003년 6월, 천주교환경연대 출범의 밑거름이 된다. 이후 천주교환경연대는 새만금간척사업반대, 한반도운하반대활동에 전국 네트워크를 통한 반대활동을 주도하였다. 초기에는 천주교환경연대 전국 사무국을 인천 가톨릭환경연대 사무실에 두고 1년여를 넘게 활동하기도 했지만, 나중에는 각 교구가 1년씩 돌아가면서 사무국을 맡아 활동하였다.

– 창조보전연대(전신. 천주교환경연대)는 전국적인 교회환경 활동단체 간 교류 협력조직으로 2003년 6월 창립 이후 정기, 부정기적으로 회의와 모임을 통해 협력 활동을 이어오고 있다. 사순시기 환경묵상집, 대림시기 환경묵상집을 발행하여 전국 각 교구에 수만 부씩 배포하였다. 소모되기 쉬운 환경활동가들의 내용적 영성적 재충전을 위해 봄에는 창조보전 전국모임 활동가 수련회를 열고, 매년 가을에는 프란치스

〈그림 12〉 2012년 창조보전축제
– 하느님 품안에서
화석연료 없이 살아보기

코 축일(10.4)을 즈음하여 전국 천주교환경운동단체 활동가, 사제, 수도자들이 한자리에 모여 교회 내 생태환경운동단체 간 교류와 생태영성세미나를 축제형식으로 진행했다. 이렇게 서로의 활동 경험과 내용을 나누고 연대하는 창조보전축제의 대표적인 프로그램이 '화석연료 없이 지내는 2박 3일 환경캠프'였는데 과감하고 혁신적이면서 반향이 상당히 컸다.

전국적으로 폐휴대폰 재활용사업을 펼쳐 콩고민주공화국 환경난민들을 지원하는 사업을 진행했다. 우물파주기, 태양광발전기 설치를 비롯하여 학교 건축과 취업교육 지원 등 사업을 현지파견 수도회와 함께 진행하였다. 폐휴대폰 매각을 통한 사업 수익금 현지 지원 규모는 6천만 원에 이른다.

(4) 인천의 녹지축 잇기와 숲살리기 운동

인천 녹지축 잇기와 숲 살리기 운동은 오늘날 갈수록 부각되는 도심녹지와 도시숲의 중요성에 대해 가톨릭환경연대가 일찍이 관심을 가지고 시민들과 함께 탐사하고 관리와 이용에 대한 정책을 제안한 선구적 활동이다. 이는 2000년 봄부터 그해 가을까지 인천의 S자형 녹지축(계양산-철마산-약산-관모·상아산-문학산-청량산, 총 24Km가량)을 총 4개 구간으로 나눠 구간별 20여 명의 시민탐사단과 함께 산림녹지의 훼손상태, 탐방로의 이용현황, 녹지축의 단절로 인한 식생과 생물현황 조사를 전문가와 시민들이 함께 진행한 활동이다. 이 사업은 인천의제21실천협의회와 인천일보사와 공동으로 추진한 프로젝트로, 지역신문에 16회에 걸쳐 기획취재 기사로 연재하였고 각종 정책토론회와 제안을 통해 인천 시민과 시 행정당국에 녹지와 도시숲에 대한 관심을 불러일으키고 관련 정책

입안을 촉구하였다. 그 후 인천시는 당시 제안한 끊어진 녹지축 잇기 운동에 화답하여 징매이고개 생태통로 연결과 원적산 생태통로 연결사업을 추진하는 등 관리와 보전의 큰 틀을 잡고 공원녹지정책에서 적극 반영하였다. 그해 10월에는 '걸어서 계양산에서 청량산까지 숲사랑 오솔길 걷기'라는 시민 300여 명이 참여하는 시민 걷기대회를 개최하였는데 이는 최근의 올레길이나 둘레길 걷기 열풍이 불기 한참 전의 일이다. 당시에 개발한 여러 숲길 걷기 코스는 후에 인천둘레길 걷기의 다양한 코스로 발전하였다. 더불어 환경연대는 인천시 녹지 관련 조례 제·개정 활동도 병행하여 행정 조직의 시스템으로 관리와 이용, 보전을 하는 근거를 마련하는 데도 도움을 준 바 있다.

2000년의 사업을 평가하면서, 2001년에는 인천 전체 녹지가 아닌 시범지역을 설정하여 집중하기로 하였는데, 바로 그 시작은 인천역사문화의 발상지인 '문학산'에 단체 역량을 집중하기로 한 것이다. 산림조합에 공모사업을 통해 문학산 자연생태안내자 양성교육, 녹지공원 셀프가이

〈그림 13〉 인천녹지축탐사단 활동 (2000년 4월)

드북 개발, 문학산 생태탐방로 개설 및 해설판 설치사업을 추진했다. 도시자연공원 면적의 65% 이상이 사유지로서 소유구조가 복잡하여 행정기관의 계획으로만 형질 변경이나 시설물 설치는 어려웠다. 따라서 도시자연공원이 진정한 시민 쉼터와 체험학습 공간으로 변모하기 위해서는 시민환경단체의 참여가 필수적이었다. 이런 부분에서 가톨릭환경연대의 도시녹지관련 활동은 하나의 모범사례로 꼽을 만하다. 이후 2002년부터 가톨릭환경연대는 50여 년 만에 군부대터에서 시민의 품으로 돌아온 월미산을 체험학습공간으로 바꾸기 위해, 공원사업소와 협업을 통해 매년 녹지생태학교를 진행하여 월미산 자연생태 모니터링하고 교육하는 월미산 지킴이를 양성했다. 아울러 가을에는 시민들이 가족과 함께 다양한 숲체험 프로그램으로 함께하는 월미산 숲해설과 숲속 음악회를 진행하는 '황조롱이 가족대회(120가족, 600명)'를 개최하는 등 생태체험행사를 3년간 위탁 진행했다. 이는 인천지역에서 최초로 진행한 가족단위 생태체험 프로그램이었다. 공원으로 돌아온 지 얼마 되지 않아 월미산은 난개발의 대상이 되었다. 이에 지역시민사회단체들과 연대하여 2003년 월미산 난개발 대책 시민위 활동을 진행했으며, 2005년에는 문학산 페트리어트 미사일 설치 계획에 반대하는 다양한 시민운동을 진행했다. 2006년부터 계양산 골프장 반대 투쟁이 시작되었다.

(5) 인천항 및 주변 지역 대기오염을 줄이기 위한 시민감시활동

얼마 전까지 교구청이 위치한 중·동구 지역은 인천항이 있는 지역으로 각종 공해성 벌크화물(바닷모래, 석탄, 곡물, 사료 부원료, 고철 등)이 하역, 수송되는 곳이었다. 하역 및 수송과정에서 발생하는 날림먼지와 화물선, 화물차로 인한 대기오염으로 주변 지역민들의 삶의 질 저하 문제는 오랫동안 단골 민원이었다. 이에 가톨릭환경연대는 인근 본당과 아파트 주민들로 시민대책위원회를 구성하고 인천항 및 주변 지역 대기오염을 줄이기 위해 인천항 주변 지역을 6개 지역으로 나눠 아파트 주민과 자원봉사자들을 조직하여 감시단을 구성하여 활동을 전개했다. 인천항이 인천 전체 경제에 미치는 부가가치 효과가 크고 관세 및 보세지역이라 관할권이 해수부에 있는 관계로 환경피해가 발생해도 손 놓고 있어야만 했던 인천시는 이 무렵에서야 주민들의 민원과 상시적인 환경단체의 감시를 계기로 더욱 관심을 가지게 되었으며, 항만을 더 이상 환경사각지대로 방치하지 않게 되었다. 인근 주민들의 적극적인 모니터링과 행정당국과의 지속적인 업체 계도와 감시를 통해 인천항운노조와 항만하역업체도 지역에 피해만 끼치고 나 몰라라 하는 것이 아니라 환경피해를 막기 위해 적극적이고 즉각적인 조치를 해야 한다는 것을 알게 되었고, 중장기적인 계획으로 도심과 인접한 공해물질 유발 화물 선적, 하역시설을 분리 재배치하는 계획까지 수립하게 되었다. 당시의 상시적인 시민감시단의 활동으로 사료부원료와 바닷모래, 고철가루가 날리던 1부두, 8부두가 클린 항만이 되고 나아가 오늘날 시민들에게 되돌아오는 계기가 되었음에 자부심을 느낀다.

2002년 한·일월드컵 무렵에는 서울, 인천, 도쿄 등 월드컵 개최도시에서 공동으로 국제 대기환경모니터링 활동을 동시다발적으로 진행하고 그 결과를 공동발표함으로써 관할당국에 대기환경 개선 제안을 하기도 했다.

(6) 경인운하건설 반대운동

2000년 　　부터 경인운하(인천 서구 시천동 ~ 굴포천 ~ 김포 전호리(개화

동), 약 18Km. 총사업비 2.6조 원)
건설 반대운동을 30여 개의 인
천지역 시민사회단체 및 서울·
경기지역 환경단체(환경정의, 환
경운동연합)와 연대하여 반대운
동을 진행했다. 현장 고공농성
과 각종 토론회, 공청회, 다양
한 집회와 시위 등 안해 본 활

〈그림 14〉 경인운하 반대시위 (2000년 2월)

동이 없으리만치 다양한 형태의 반대운동을 진행했다. 경제성이 부풀려
지고 환경피해는 축소되었다는 감사원 감사결과와 경제성 재검토 결과
에 백지화가 선언되기도 하는 등 답보상태이던 경인운하건설사업은 아
라뱃길이라는 창씨개명을 통해 그리고 2008년 민간투자 사업을 공기업
인 수자원공사가 시행하는 사업으로 변경하여 급물살을 타게 되었다.
이명박 정부 들어 한반도대운하의 시범사업이자 4대강 사업 추진을 위
한 물꼬 트는 사업으로 추진하게 된 것이다. 과정에서 토목공사 도급순
위 상위 30위권 대기업들이 나눠먹기식으로 공구를 할당하며 4대강 사
업의 시범사업으로 추진되었다. 경인운하 건설반대를 위해 서명운동은
물론 사제단과 교구 차원의 여러 차례에 걸친 시국미사, 사제단 단식기
도회, 시국강연회를 진행하였지만 당시의 권력과 대세를 막기에는 역부
족이었다. 결과적으로 2012년 5월 아래뱃길로 개통되었다. 하지만 그
많을 거라던 물류도 해외관광객도 없었다. 아라뱃길은 뱃길에 정작 배는
없고, 그 옆으로 조성한 자전거길만이 자전거타기를 즐기는 수도권 시민
들에게 명소로 각광받고 있는 실정이다. 하지만 현재까지도 경인운하(아
라뱃길)는 여전한 수질오염 등 환경피해는 고스란히 인천, 부천 지역 시

〈그림 15〉 경인운하문제점 교구사제단 설명회 개최 후
사제단 시국 단식기도회

민들이 떠안고 있으며 '대표적인 실패 국책사업'이라는 오명만 가지게
되었다.

(7) 4대강 사업 저지(중단, 회복) 활동

4대강 사업이 본격 추진되던 2010~2011년에는 한강, 낙동강, 금강,
영산강 등 전국의 4대강 공사현장 곳곳으로 신자들과 함께 달려가 '4대
강 공사저지(중단,회복)촉구 생명평화미사'를 봉헌했다. 또한 각 성당마
다 4대강 사업의 부당함과 환경파괴를 알리는 환경강론을 진행하였고,
신자와 시민대상의 만화, 영상 등 홍보물을 제작하여 순회 홍보 캠페인
을 벌였다.

전국 경향각지에서 도움의 손길이 답지했고, 우리 인천교구도 집중지원 행사를 했는데, 이를 환경연대에서 주관하기도 했었다. 인천교구는 본당 단위로 전국에서 두 번째로 많은 봉사자들을 태안지역 해안으로 보내 기름제거를 도왔다. 태안지역 바다는 지금은 언제 그런 일이 있었냐는 듯 청정해안으로 완전히 회복되었다.

시간이 많이 지나고 정리하면서 드는 생각은 참으로 많은 활동을 했구나. 인천지역 및 전국적인 현안에 대해 어지간한 것은 모두 쫓아다니면서 참여를 했었구나 하는 생각이 든다. 사실 당시에는 그렇게 바쁘게 사는 줄도 몰랐고 당연한 일이라고 생각하며 지냈다. 사실 자체적 연구 검토와 판단으로 주도하는 활동을 진행했다기보다 교회 안팎에서 단체로 요청되는 연대활동에 참여하는 형태의 활동이 많아졌던 것도 사실이다. 그러다 보니 성과로 잡기도 뭐하고 심적으로 육체적으로는 피로도가 높아져만 갔다. 4대강 공사중단 촉구와 민주화염원 전국사제기도(여의도미사), 두물머리유기농지보전미사(매주), 전국순회 4대강 천주교환경연대 미사(매월) 등 매월 소화해야 하는 정기적인 일정만 십수 가지였고, 내부적으로는 회원관리와 소식지 발행과 발송, 임원회의, 사무국회의, 사회사목국 회의, 연대회의 등 아침부터 저녁까지 월화수목금금금으로 휴일 없이 몰아치던 시절이었다.

(10) 환경교육 활동

2000년 이후 가톨릭환경연대가 지속적으로 중점을 두어온 사업은 환경교육사업이다. 1999년 하반기에 진행한 환경교육지도자 양성교육을 통해 5인의 환경교육전문가가 교육실로 결합하여 이후 십수 년 동안 어린이 환경탐사단과 신자, 시민들의 체험교육을 위해 교육실에서 땀을

〈그림 18〉 인천 녹지생태학교
(2001년 4월~ ; 총 10강좌, 인연원 270명 참가)

흘렸다. 매년 1~2명씩 뜻있고 실력있는 생태교사들이 결합하여 한때 가톨릭환경연대는 가장 뛰어난 환경교육 강사진을 자랑했다. 이들은 요청하는 교구 성당의 여름환경캠프 진행, 교리반 환경교육, 장애인과 비장애인이 함께하는 체험프로그램, 전국가톨릭고등부 학생대회 체험환경교육 주관(대건고등학교 주최, 540명), 지역 어린이 공부방교육, 각급 학교내 환경 및 생물동아리 교육 및 특별활동 등을 진행했다.

어린이 환경탐사단 민들레는 2000년부터 매 학기 40명 정도의 탐사단원을 모집하여 월 1회 자연 속에서 탐사하며 자연을 배우는 시간을 가졌다. 모집 공고를 하면 늘 조기에 마감되어 다음 학기에는 꼭 참여시키고자 미리 예약을 걸어두는 부모들도 있을 만큼 인기 있는 프로그램이 되었다. 도심공원의 나무와 풀꽃은 물론, 갯벌과 습지의 식물과 생물들, 각종 새와 동물들을 자연 속에서 관찰하고 배우며 자연놀이를 하며 배우는

프로그램은 여전히 인기가 좋다. 상동본당, 중2동본당 등 교리교사회와
는 여름생태캠프를 위탁받아 강화도 산마을고등학교에서 '화석연료없는
생태캠프'로 진행하기도 했다.

교육실이 진행한 체험환경교육 장소는 월미공원, 인천대공원, 소래해
양생태공원, 인천항, 수도권 매립지, 난지도 하늘공원, 강화갯벌, 문학
산, 계양산, 하수종말처리장, 상수도사업소, 승기천, 장수천, 선재도, 태
안해안국립공원 등 방방곡곡 안 가는 곳이 없으리만치 다양한 현장에서
수많은 프로그램으로 아이들과 함께 체험교육프로그램을 진행했다. 체
험환경교육의 대상은 초등학생, 저소득층 자녀, 장애우 등을 주로 하고
있으며, 요청이 있을 경우 외부 체험환경교육도 위탁받아 실시했다. 해
양소년단, 가톨릭스카우트, 인천YMCA, 각급 초·중·고등학교의 요청
으로 현재도 꾸준히 체험환경교육은 매월 진행한다.

(11) 기타 활동

■ 인천민간단체총람 제작사업

특이하게도 공공근로 민간 위탁사업으로 '인천지역 민간단체 총람'을
제작했다. 이는 열악한 재정을 극복하기 위한 사업의 하나로 진행한 것
인데, 지역 내 비영리민간단체의 조직현황에 대해서 파악하고 네트워크
를 강화하는 자료가 되었다. 민관협력 또는 민민협업을 위한 기본적인
단체정보 소개와 단체의 사업에 대한 상호이해를 높이는 NGO 지도 역할
을 했다고 자평한다.

■ 기관 소식지 '환경과 연대', '생명나무' 매월 발행과 회원모집 행사

다양한 제호로 기관 소식지 겸 환경정보 잡지를 발간해왔다. 보통 1,000부를 발행하여 절반은 회원에게 절반은 교구 각 본당과 단체에 배포했다.

본당 순회 환경강론을 진행하며 회원모집 행사를 꾸준히 진행했다. 회원모집행사는 본당 신부님들의 적극성 및 지원에 따라 바람을 많이 탔지만, 그나마 요즘은 투자 대비 성과가 거의 안 나오는 상황이다.

■ 지구의 날 행사

지구의 날 기념 시민행사를 매년 진행한다. 인천지역에서는 2000년 4월 22일, 부평대로를 막고 진행한 '차 없는 거리' 환경체험행사가 시작이며 이어서 주안대로, 녹지축, 인천대공원 등지에서 시민들과 함께하는 지구환경

〈그림 19〉 지구의 날 기념행사장에서 회원들

보전 체험행사를 환경단체 연대로 진행하고 있다.

필자가 성장기로 분류한 이 시기 가톨릭환경연대는 교구의 재정 지원과 사무실 지원으로 안정적인 여건에서 활동함으로 인해 명실상부하게 많은 성장을 이룬 시기이다. 녹지축 잇기와 숲 살리기운동, 어린이와 신자환경교육사업 등 일회적이지 않고 지속강화할 수 있는 활동을 진행하였다. 또한 상근 3인과 반상근 2인 등 상근실무 인력의 확보와 열정적인 활동회원의 증가, 전문가 운영위원들의 적극적 활동, 그간 견제만 하던

인천시 행정 당국과의 협력지원 등 많은 부분에 있어서의 환경변화로 괄목할 만한 성장이 가능했다.

폭풍 성장의 이면에는 공식 교회조직으로의 안정적 정착인가, 시민환경단체의 야성 회복인가 하는 활동가들의 정체성과 향후 진로에 대한 여러 고민들이 늘 함께했다. 활동 주체들 간에 이견이 생기거나 사업 추진방식이 달라서 가끔 삐걱거리기도 했지만, 치명적이거나 구체적으로 갈등이 표면으로 드러나지는 않았고 가급적 서로 이해하고 배려하면서 시너지 효과를 내려고 노력했다.

가톨릭환경연대는 공동대표단(지도신부, 평신도대표)-운영위원회-(집행위원회)-활동회원 및 후원회원으로 이어지는 조직구조를 가지고 있었다. 물론 정관상에 인천교구에 속해있고 지도신부를 둔다고 되어 있긴 하다. 하지만, 오랫동안 대부분의 정책이나 사업 결정은 여느 시민사회단체와 마찬가지로 활동가들과 회원들이 민주적 토론과정을 거쳐 합의를 이루는 것이었다. 그래서 환경 현안에 대해서는 참여방식 결정과 대응이 비교적 발 빠르게 진행되었다.

〈그림 20〉 4대강 사업반대를 위한 낙동강 미사

반면 가톨릭환경연대의 단체적 입장과 인천교구의 공식 입장은 다른 경우도 종종 있었다. 대부분은 사회정의와 사회복음화 차원에서 이해가 될 수 있었으나 간혹 교회의 입장이 민감한 문제나 교계 상층부로 정관계의 로비가 들어오거나 한 경우에는 교회와 단체가 힘있게 한길에서 활동을 진행하기가 쉽지 않았다. 그래도 항상 일선에서 환경사목을 담당하는 사제들은 비교적 사회운동에 관심이 있고 정의구현전국사제단 활동을 하는 분들이 발령된 것은 교구청의 배려가 있었던 것으로 보인다. 그래도 여전히 활동가들의 자발성에 의지하거나 불안정한 재정구조를 계속 유지할 수밖에 없는 상황이었다.

다. 성숙·분화기 (2013. 1 ~ 2021. 현재)

2013년 환경사목은 다음과 같이 추진된다. '생태환경보전활동과 창조질서 보전'이라는 큰 목표 아래에서 창조질서 보전을 위한 생명환경운동, 교회의 모범적인 환경사목을 통한 사회복음화를 실천, 친환경적인 지역공동체를 건설하기 위한 환경의식 고취와 환경생태교육을 진행하겠다는 것이다. 구체적 활동의 뼈대는 아래와 같다.

1. 본당 환경분과 설치와 운영 지원, 활동지침서 마련
2. 주교회의 환경소위 및 전국 교구 환경조직과의 연대 협력
3. 산하 환경연대 회원 및 봉사조직 활성화로 후원회원 증대
4. 지역사회 환경 현안 해결위한 연대활동과 시민환경교육
5. 생태기행과 도농교류 행사 등 체험환경교육 진행
6. 지구의 날, 환경의 날 등 각종 환경 행사와 캠페인 주관과 참여

2013년부터는 이렇듯 변화와 발전만을 지향하던 성장기에서 전문분

야별로 분화하되 안정화를 지향하는 성숙기로 접어들게 된다. 이는 오랜
기간 사무처 활동을 하던 구성원들이 하나둘 자리를 이동하면서 새로운
조직 구성원들로 채워져 전체적인 조직 분위기가 크게 변화된 영향이다.
교구 환경사목부는 교회환경사목활동 중심으로 바뀌고 가톨릭환경연대
는 시민환경단체 중심으로 업무적으로 완전히 갈라졌다. 한때는 통합적
인 활동을 하던 조직이지만, 다시 독립성과 전문성을 살린다는 목표로
분화기를 준비하게 된다. 필자도 그 시절에는 잠시 활동에서 완전히 떠
나있었던 관계로 세부적으로 어떤 사연이 있었는지 명확하지는 않다.
추측건대 사제, 수도자와 활동가들이 지향하는 궁극목표에 대한 차이,
구성원들의 개인적 특성에 따른 성격 차이를 극복하지 못하여 사업과
활동에 협력적 통합 기능이 크게 떨어졌을 것으로 추측된다. 그러다가
결국 서로의 전문성을 발전시킨다는 명분으로 12년의 동거생활을 마치
고 각자 활동조직을 독립시켜 분화하게 되었다. 하지만 2015년 독립(또
는 분화) 이후 각각의 조직 안정성은 더욱 개선되지 않았으며 오랫동안
활동하던 상근활동가가 귀농을 하면서 업무공백이 커졌다. 결과적으로,

〈그림 21〉 일본 후쿠시마 방사성 오염수 방류 결정 철회 촉구 기자회견

현재 교구 환경사목위원회는 가톨릭환경연대 대표와 전 활동가 및 운영
위원 출신 환경 전문가들로 구성되어 있으며, 교구 부서인 환경사목부는
수도회 파견 환경 전공 수녀님이 교구직원 1명과 함께 일하고 있다. 한편
가톨릭환경연대는 현재, 교구의 모든 재정적 지원은 끊긴 상황으로 300
여 후원회원들의 회비와 외부 공모사업을 통해 상근자 2명, 반상근2명으
로 독립적인 사무실을 운영하며 외부 환경 현안에 대응하고 교회 안팎의
교육활동을 진행하는 비영리 민간단체로 활동하고 있다.

〈그림 22〉 제51회 지구의 날

단체명에서 드러나는 정체성인 '가톨릭'은 회원 대부분이 신자인 현실
과 그간의 활동 역사와 뿌리가 천주교회인 점에서 장단점을 모두 가지고
있다. 교회는 든든하게 기댈 언덕이지만 시민사회단체로서의 확장성에
는 늘 한계로 작용하는 것도 현실이다. 결과적으로 현실조건이 크게 변
화하지 않는 한 가톨릭 영성을 토대로 한 천주교 환경운동이자 시민환경
운동단체로의 미래는 두 정신이 어떻게 조화롭게 구현하며 실천할 것인
가라는 과제를 남긴다. 그 사이에서 현명하게 협력하면서도 각각의 특성

을 잘 살리며 때로는 하나로 통합적으로 힘을 모으고, 때로는 전문성을
강화하여 색깔있는 활동을 해야만 둘 다 사는 길이라고 본다.

(1) 교회 관련 활동

환경부·종교단체 환경교육 확산을 위한 업무 협약식 : 환경부와 가톨
릭환경연대가 함께 협약을 통해 시민과 학생들의 자연체험을 통한 환경
교육을 지원하고 활성화하기 위해 노력하는 사업을 추진하였다. 2019
년~2020년까지 2년간 추진했으나 코로나 19 확산으로 인해 2021년은
거의 모든 사업, 행사가 취소 또는 축소되는 상황이다.

(2) 녹색기행 – 생태적 성지순례

자연환경이 잘 보전된 곳이나 생태계가 파괴된 현장을 직접 돌아보면
서 배우는 생태기행 프로그램으로 월 1회 가량 진행했다. 하반기에는 생
태기행지 인근 성지를 함께 돌아보는 프로그램으로 변화되었으며, 현재
는 고정적인 팬층을 확보하리만치 가장 인기 있고 참여율이 높은 효자
사업이다. 아울러 단체의 경제적 독립성을 유지시켜주는 재정사업으로

〈그림 23〉 녹색기행

도 훌륭한 사업으로 자리 잡았다.

(3) 인천시와 인천교구 환경협약 추진

인천광역시와 천주교 인천교구는 2021년 봄, 환경협약을 체결하여 쓰레기를 저감하고 재활용을 높이는 자원순환사회로 변화하기 위해 공동 노력을 기울이기로 협약했다.

(4) 인천시 교육청과 폐휴대폰 재활용사업

인천시 교육청, 한국전자제품 자원순환공제조합에 사업을 제안하여 인천광역시 내 초중고교 학생들과 함께 폐휴대폰 수거 재활용사업을 추진하였다. 폐휴대폰에 있는 유해한 플라스틱과 중금속은 적정처리하고 금, 은, 동 등 희유금속은 회수 추출하여 매각함으로써 그 수익금을 콩고민주공화국 등 학교 운영과 정보통신 교육에 사용하기로 했다. 또한 희토류 채취를 위해 훼손된 고릴라 서식지 보전을 위해서도 수익금을 지원할 계획이다. 이 사업은 천주교 창조보전연대에서 10여 년 전부터 진행한 사업으로 시 교육청에서 학생들의 환경교육과 실천사업으로 추진하고 있다.

〈그림 24〉 기후위기 인천비상행동. 인천, 경의로운 2030 탈석탄을 위한 기자회견

5. 천주교 환경운동의 전망과 제안

1) 천주교 환경운동의 현황

2021년 현재 한국 천주교 환경운동은 서울, 인천, 수원, 의정부, 원주, 대구, 대전, 안동, 광주교구 등 9개 교구에서 교회 내 환경(관련)운동 조직이 활동하고 있다. 유관조직으로는 우리농, 정평위, 생협 등이 있다. 현재는 전국적인 지역별 환경사목 단체들이 여자수도자장상연합회, 남자수도자단체들과 천주교 창조보전연대로 함께 활동하고 있다. 지난 새만금갯벌매립반대, 4대강 사업반대에 있어서 천주교계의 입장과 힘을 보여주었다. 최근은 탈핵운동에 집중하여 연대하고 있으며 각 교구별로 환경 현안 외에 소공동체 단위의 친환경 생활교육과 먹을거리교육, 친환경소비운동을 하는 생활협동조합과 환경교육운동에 힘을 쏟고 있다.

코로나 19 발생 이후 전국적인 모임과 행사, 교류가 거의 없이 가끔 온라인 회의만 하는 상황으로 전국 네트워크의 명맥을 유지하고 있는 형편이다. 하지만, 코로나가 잦아들면 전국적인 네트워크 활동은 언제라도 복구되어 활발하게 전개할 수 있을 만큼 끈끈한 연대와 내용적 공유가 이뤄져 있다. 아쉬운 점은 인간적 교류는 두터워지는 반면 조직과 모임이 기존 구성원 외에 더 확대되고 확산시키느냐 하는 것은 향후 과제 중 하나이다. 다행인 것은 주교회의 산하 환경소위원회가 환경위원회로 승격되었고 정기적인 회의와 활동을 꾸준히 하는 덕분에 각 교구 간 활동의 편차나 천주교 환경운동에 대한 상이 늘 달랐던 것과 같은 문제는 상당부분 해소되었거나 간극이 많이 줄어든 것으로 보인다. 천주교 환경운동에 대한 환경신학적 생태신학적 이론적 정립은 프란치스코 교황님의 '찬미받으소서'에 기반하여 내용적 통일성을 가지고 천주교 환경운동은 향후 환경신학적 내용 기반을 프란치스코 교황님의 사목지침서인 '찬미받으소서'에 기반하며 전국적으로 내용적 통일성을 가지고 전개될 것으로 보인다.

2) 천주교 환경운동의 활성화를 위한 제안

천주교 환경운동 활성화를 위한 제안은 다음과 같다.

첫째, 생태신학과 교회의 환경실천에 대한 내용을 배우는 장이 늘어나야 한다. 코로나시대 및 그 이후 시대에는 프란치스코 교황님의 회칙 '찬미받으소서'(LAUDATO SI')와 같은 자료들이 교회 공식적으로 예비신자교육과 신자 재교육 커리큘럼에 반영되어야 한다. 생태영성과 실천적 내용들이 복음나누기처럼 소공동체별 모임에서 경험나누기로 일상화되어야 한다.

둘째, 천주교 내 교구 간, 환경사목 단체 간 네트워크를 강화해야 한다.

우리는 지금 세계화와 인터넷기술의 발전으로 온라인 연결이 과거의 상상을 뛰어넘는 초연결사회이자 메타버스 즉 초월사회에 살고 있다. 이에 발맞춰 정기적인 오프라인 회합을 통해 서로의 정보를 교류하거나 정기적인 포럼, 경험을 나누는 것을 포함하여 다양한 매체를 활용한 온라인 활동을 더욱 활발하게 추진해야 한다. 특정 교구에서 추진한 우수 모범사례를 다른 교구에서 적절하게 응용하여 확산한다거나 협업 프로그램으로 진행할 수도 있다. 좋은 예가, 2019년부터 인천교구 환경사목부(가톨릭환경연대 포함)와 제주교구 사회사목국이 추진하고 있는 '제주교구와 인천교구 생태환경 보전 교류협력 행사'다. 이러한 교구단체 간 교류 방문과 협력 프로그램은 다른 교구에도 모범사례가 될 만 하다.

나아가, 특정 교구에서 추진한 우수 모범사례를 다른 교구에서 적용하고 받아들이는 정보공유와 협업 프로그램, 교구단체 간 교류와 연대활동을 대폭 늘릴 수 있는 기반이 형성되어 있다. 긍정적으로 추진하는 것이 필요하다. 좋은 예로, 2019년부터 진행하고 있는 인천교구 환경사목과 제주교구 사회사목국이 중심이 되어 추진하고 있는 '제주교구와 인천교구 생태환경 보전 교류협력 행사'를 통한 교류 방문과 프로그램은 다른 교구에도 모범사례가 될 만하다. 또 선구적으로 태양광·풍력 같은 재생에너지와 에너지 절약형 패시브건축을 채용해 본 성전 건축사례, 본당단위 에너지 절약을 통한 녹색교회활동 등은 사례화 하고 경험과 지혜를 더 나눌 필요가 있다.

셋째, 종교 환경운동이 갖는 고유한 특성과 장점들을 찾아내는 작업을 강화해야 한다. 정책연구를 통해 천주교 환경운동단체의 특성과 장점을 살리는 활동이 필요하다. 종교의 사회적 역할에 대한 고찰을 통해 일반적인 시민환경운동과 구별되는 점을 분명히 하고, 공통적인 특성은 강화하는 것이 필요하다. 즉 '가톨릭' 정신에 기반한 단체활동의 정체성을 분명하게 확립해야 한다.

아울러 단체도 환경 및 생태신학적 근거만이 아니라 탈 핵에너지, 기후위기, 생명윤리 등 변화하는 국내외 환경의 변화와 정세에 발맞춘 프로그램 개발과 정책 입안 능력을 키워야 한다. 방법으로는 기존 연구자 집단과의 협업, 자체적인 인재 육성 지원, 정기적인 세미나와 포럼을 통한 상시적인 현안 정세에 대한 입장과 의견 교류로 사상적 통일성을 확보해야 유사시 힘 있는 연대와 활동이 가능할 것이다.

넷째, 소공동체 모임에 대한 교회의 지원을 아끼지 말아야 한다. 본당단위, 교구단위별로 세기말적인 환경재앙과 기후위기를 대비하기 위해

서라도 교회의 눈으로 보는 생태영성과 생태문화를 서둘러 최대한 많이 발견해내야 한다. 신자들이 공동체를 통해 함께 체험하고 경험을 간증하고 전파하는 기회를 늘려주는 것이 그다음이다.

다섯째, 적극적이고 능동적인 지역공소 리모델링과 생태환경 교육 공간조성을 제안한다. 코로나 19 이후, 교회로부터 멀어지는 데 익숙해진 신자들이 자연 속에서 주님을 만나는 공간으로 교회에서 운영하는 생태환경 숙소와 공간의 운영이 더욱 필요해졌다. 이는 2010년대부터 섬 지역 폐교나 공소 리모델링을 통한 '가톨릭생태환경학교' 설립 때부터 고민되던 것이었지만, 당시의 상황이나 여건에서는 역량상 추진되지 못했다. 최근 생태적으로 지속가능한 세상을 위한 사회적 분위기도 무르익었고 환경연대 구성원들 중에도 에너지 절약형 건축물을 건축하는 경험과 노하우도 상당히 학습이 되어 기술적인 부분을 감당할 수 있기에 의지와 투자만 있다면 충분히 가능하다. 자연생태가 살아있는 공간에서 주님의 창조질서를 느끼고 배우는 체험과 쉼의 공간이 늘어나 자연스럽게 신자들을 초대하는 영성 시설을 선도적으로 마련해야 한다.

여섯째, 교회 성직자들의 모범과 희생이 따라야 한다. 쓰레기 감축과 미세플라스틱을 줄이기 위한 주교관과 교구청 사제관의 생수병 없애기와 물 끓여 마시기 같은 사제들의 실천은 대단한 결단일 뿐만 아니라 목자인 사제들의 삶을 보며 길을 따르는 어린양인 신자들에게 커다란 울림을 주는 실천이라고 생각한다. 작더라도 이런 함께하는 실천들이 늘어나야 하고, 이는 다양한 방식으로 홍보되어야 한다.

일곱째, 가톨릭환경연대는 청년층과 다음세대 어린이 등과 소통을 강화해야 한다. 인공지능(AI), 증강현실(AR), 가상현실(VR), 메타버스(확장가상세계)로 세상은 변화하고 있는데, 우리의 활동과 소통방식이 여전히

20~30년 전 활동방식에 머물고 있는 것 같다. 활동에 대해 접근하거나 매체를 홍보하는 방법에 그리고 회원들을 모집하는 방법에 혁신적인 변화가 있지 않으면 잘 되면 현상유지고 못되면 명멸하다가 결국은 역사 속으로 사라지게 될 것이다.

6. 꼬리말

꽤나 오랜 시간 사실상 잊고 지냈던 이야기들을 들춰봤다. 당시 깨어 있는 삶의 거의 대부분이었던 가톨릭환경연대의 활동을 오랜만에 되돌아보았다. 하지만, 여전히 뭔가 아린 느낌이다. 더 열심히 했어야 했고 더 잘했어야 했는데... 후배들도 후임자들에게도 더 잘해야 했다. 떠나올 때 인수인계도 더 정성을 쏟고 이후에도 더 보살펴야 했건만, 그게 부족했었나 보다. 다시 내게 그 정리의 몫이 돌아온 걸 보면서 한편으론 반갑지만 내심 안타깝다. 포럼 발표 및 토론자분들도 당시의 역사를 함께 했던 선배들 성함이 눈에 익다. 올드보이의 귀환인가? 후배들은 어딜 가셨는가? 이것이 우리의 현주소일지 모르지만 끝은 아닐 것이다.

한때 치열함과 절박함으로 피웠던 담배와 마셨던 술이 얼마나 될까? 이젠 기억조차 희미해진 많은 활동들, 시위와 집회들, 정부와 기업과 이익단체들과의 논쟁과 토론, 기자회견 형식의 집회, 미사 형식의 집회, 기도회 형식의 시위, 형식은 교회의 전례 형태였지만 내용적으로는 모두 사회참여였고 시위이자 집회였다. 수많은 회의와 행사 속에 지쳐 쓰러졌던 많은 나날들 우리들의 청춘을 갈아 넣었던 활동으로 우리의 인천 환경은 얼마나 좋아졌을까? 한반도의 생태와 환경은 얼마나 더 나아졌을까? 아니 얼만큼이라도 덜 파괴되고 보전되고 회복된 것일까? 창조주 하느님의 창조질서는 얼마나 회복했을까? 피조물들과의 평화는 얼마나 이루어졌을까? 누구도 답해줄 수 없는 부분이지만 물어본다.

돌아보면 이룬 것보다는 실패한 운동이 더 많다. 애초에 이기기 어려운 싸움들이었는지도 모른다. 그걸 알면서도 누군가는 목소리 내어야 했기에 외쳤고 누군가는 앞장서 나서야 했기에 나선 길이었다. 그 길에서 끌어주던 선배들, 함께 걷던 많은 동지들, 회원들, 박수쳐 주고 힘 보태던 형제자매들, 따뜻한 목소리와 좋은 마음으로 지지하고 응원해주던 시민들이 있었다. 지난 수십 년의 세월을 옆에서 함께 걷던 수많은 신자, 시민들이 있어 오늘의 가톨릭환경연대도 있고 교구 환경사목부도 있다.

그때의 고사리손 민들레 환경탐사단원들은 이제 어린이탐사단 학부모가 될만한 나이가 되었고, 호기롭게 의기투합하던 청년들은 이제 희끗희끗한 백발이 날리는 장·노년기 어르신들이 되어 버렸지만, 옛날 물이 흘러나가면 그 자리에 새 물이 흘러들어오듯 새로운 사람들이 뛰고 있다.

가톨릭환경연대는 여전히 활발하게 활동하고 활동가와 회원들은 열정

〈그림 25〉 민들레 푸르니 맹꽁이 구조 및 남동유수지 쓰레기 수거 활동

적이다. 오늘도 창조주 하느님의 평화를 생태환경의 시선으로 세상에 전하고 있으며, 만물에 주님의 영광을 드러내는 피조물들과 평화롭게 상생하는 세상을 위해 땀 흘리고 있다. 지나온 28년, 어려웠지만 잘 버텨왔다. 이제 단체 나이 서른 살을 맞이하며, 다가오는 새로운 30년을 잘 준비해야겠다. 하느님의 창조질서가 회복되고 사람과 피조물들이 평화롭게 상생하는 세상을 지침 없이 지켜가자.

4장

지역공동체 금융으로서 신용협동조합 운동

가톨릭과 미추홀신협을 중심으로

남승균 · 강인규 · 이재열

1. 들어가며

지역에 초국적 자본이 침투하면서 지역은 사회·경제·문화 등 여러 방면에서 어려워지고 있다. 신자유주의 세계화는 지역을 중앙으로 귀속시켰고 오랜 세월 흡입구조를 구축하였다. 온라인 시장과 플랫폼 등 4차 산업혁명과 경제의 발달은 지역경제가 세계시장에 편입하는 데 중차대한 역할을 담당하였다.

이러한 결과로 지역은 피폐화되었다. 피폐화의 결과 지역 내 소득과 소비의 역외 유출이 심각하게 나타나고 있으며 지역 내 자본은 금융기관을 통하여 역외로 유출되고 지역 내 공동체는 서서히 생명력을 잃어가고 있다. 최근 장기화한 코로나 19 팬데믹 현상은 '사회적 거리두기'라는 이름으로 생활 전반의 형태를 바꾸고 있다. 골목시장과 거리상권은 점점 더 희망을 잃어가고 지역을 지켜왔던 공동체 기반은 사라지고 있다.

자본주의 역사와 산업혁명은 다양한 공동체를 파괴하면서 성장하였고, 신자유주의 세계화는 지역공동체를 넘어 가족공동체마저 파괴하는 지경에 이르렀다. 경제성장과 공동체 파괴의 모순에서 그 대안으로 연구되는 것이 사회운동적 성격의 협동조합운동이다. 좀 더 거시적인 경제사를 살펴보면 세계 경제가 어려울 때마다 나타나는 것이 공동체형 경제이다. 공동체 경제의 대표적인 형태가 바로 협동조합이다.

18세기 영국의 공상적 사회주의자 로버트 오언을 협동조합의 창시자로 보고 있으며 그는 스코틀랜드의 산업공동체 마을 "뉴 라나크"를 만들었다. 그의 시도는 지금도 공동체 운동과 협동조합운동에 주목을 받으며 그의 철학을 되살리고 있다. 오언 이후 1884년 산업혁명 시기 로치데일의 소도시에서 동맹파업에 실패하여 공장으로부터 쫓겨나온 융방직공장의 노동자 28명이 만들어 낸 결사체 조직이 로치데일선구자협동조합이다. 이 조합은 로버트 오언의 정신을 이어받아 만들었으며 이 조합의 설립 원칙이 현재 세계협동조합 원칙의 기준이 되고 있다.

신자유주의 세계화는 필연적으로 실업의 문제, 환경의 문제, 분배의 문제, 지역 간 불균형의 문제 등과 같은 문제들이 누적되면서 시장의 실패로 나타났다. 그것이 2008년 전 세계로 파급되어 경제적 혼란을 초래한 세계금융위기이다. 앞서 설명한 바와 같이 세계화의 이면에는 지역시장이 세계화의 먹이 시장으로 종속된다는 엄중한 현실이 놓여있다. 이렇게 종속되는 과정을 겪은 자본주의 경제사에서는 시장의 실패에 대한 대안으로 '지역'이라는 단어가 중요한 용어로 대두되었다. 여기서 말하는 '지역'이란 신자유주의 관점의 통상적인 지리적 개념과 단순한 시장으로서의 개념만을 의미하는 것이 아니다. 이른바 '지역'을 일국 경제시스템에 차지하는 제도적 요소의 하나로 설정하고 '지역'이 지속해서 성장 발전해 온 역사적 과정과 그 속에 깊이 뿌리내리고 있는 문화적 요소들의

총체를 포함한 보다 진보적이고 진화론적 관점에서의 '지역'을 뜻한다.[1]

자본주의 시장경제의 지역공동체 파괴에 대한 대안으로 다양한 논의가 있지만, 현재 그 대안으로 공동체를 포함하는 사회적 자본이 대두되고 있다. 주민(개인)과 주민(개인), 공동체와 주민(개인), 공동체와 공동체 사이의 신뢰와 호혜성 기반의 소통과 네트워크가 바로 사회적 자본이다. 사회적 자본은 인문학적인 요소와 사회학적 요소가 내포된 경제적 의미로 사회적 자본을 지수화하여 사회적 자본의 지수가 상승하면 경제도 성장한다는 세계은행의 보고서이다.

따라서 사회적 자본의 지수가 풍부한 곳이 지역경제 성장에 정(+) 영향을 준다는 이론으로 치환하면 지역경제 활성화에 대한 대안으로 사회적 자본의 지수를 높이는 공동체 기반의 다양한 정책들로 나타나고 있다. 그러한 실천적 사례가 마을만들기, 지역화폐, 사회적경제, 협동조합 등으로 나타나고 있다.

실천적 사례의 주체가 지역 내 경제 활성화 또는 순환형 지역경제를 만들어 내는 과정으로 "내발적 발전론"의 이론을 선호하고 있다. 내발적 발전은 일본의 사회학자 츠루미 가즈코가 1976년 미국 사회학회에서 근대화론을 비판하면서 '지역의 생태계에 적합하고 지역주민 생활에 필요한 것과 지역문화 전통을 바탕으로 지역주민의 협력에 의한 자율적으로 지역을 창조하는 사업'이라 주장하였다.

권정택(1999)은 '선진국 혹은 선진지역의 기술이나 자본에 의한 획일적인 개발에서 탈피하며 각 지역의 역사나 문화 등 지역정체성을 배려하고

---

1 남승균, 「지역경제의 내발적발전과 사회적경제조직에 관한 연구」, 인천대학교 대학원, 박사학위 논문, 2016.

지역이 보유하고 있는 각종 인적·물적 및 제도적 자원과 능력을 지역
주체세력이 주도적으로 발굴 개발하여 지역 전체의 상향적 변화를 창출
하는 것을 목표로 발전을 모색하는 개념'이라고 하였다.[2]

남승균(2016)은 일본의 미야모토 캔이치 교수의 내발적 발전론을 정리
하면서 '지역사회의 자주적 결정과 주민참여제도의 보장을 통한 자치권
확보, 생태적 환경과 인권의 확립, 그리고 내부자원의 발굴과 외부 자원
의 활용으로 개념의 확장이 필요하며 사회적 잉여를 지역에 재분배하는
지역경제의 선순환 구조의 구축으로 지속가능한 지역발전을 도모하는
내발적 발전론'으로 보았다.

따라서 '내발적 발전론이 이론을 넘어서 지역경제에 실천하는 모델로
착근하려면 내발적 발전을 포함하고 있는 경제조직과 지역의 다양한 조
직(공동체)의 발굴, 그리고 이들의 네트워크가 필요하다. 이러한 사회적
경제 조직을 지역발전의 새로운 전략으로 상정하고 내발적 발전의 관점
에서 지역연구의 필요성'을 주장하였다. 내발적 발전론은 출발 자체가
국가에 대비되는 지역을 근거로 하여 지역의 특수성에 맞는 발전 방식이
므로 지역에 완전히 뿌리내린 이론이라고 할 수 있다.

2008년 세계금융위기에 미국의 월스트리트 거리의 '월가시위(Occupy
Wall Street)'는 금융에 대한 저항운동이었고 부의 편중에 대한 저항운동
이었다. 부의 편중은 도시 내 서민들의 삶을 점점 더 어렵게 만들었다.
그리고 돈이면 뭐든지 다 할 수 있다는 생각의 황금만능주의가 사회현상
으로 자리 잡은 지도 꽤 오래되었다.

---

2 권정택, 「관광을 통한 지역활성화 운동의 태동에 관한 고찰」, 『관광연구』 14, 1999,
   23~48쪽.

『거대한 전환』의 저자 칼 폴라니는 이러한 현상을 사회의 영역(공동체)으로부터 시장경제(자본주의)가 일탈 되어 나타나는 현상이며 다시 시장경제(자본주의)를 사회의 영역(공동체)으로 포용하거나 착근해야 한다고 하였다(Polanyi, 1944).

2008년 세계금융위기 이후 신자유주의 세계 경제는 새로운 대안경제의 필요성이 제기되었다. 그 대안으로 금융위기 직후 국가 경제성장률이 곤두박질치는 어려운 경제 상황에서 호혜와 협력을 기반으로 덜 영향을 받은 지역으로 이탈리아의 에밀리아로마냐와 캐나다 퀘벡, 스페인의 몬드라곤이 주목을 받았다. 이들 지역의 공통점은 지역에 뿌리내린 협동조합 혹은 사회적금융 기관이 있고, 긴 협동조합운동의 경험과 조합원을 교육하는 교육기관이 있으며, 인구 85%~95% 이상이 가톨릭 종교를 기반으로 하는 지역이다.

따라서 본 글에서는 지역을 기반으로 지역 내 공동체와 어려운 서민들과 함께하고자 하는 지역밀착형 금융기관으로 신용협동조합, 새마을금고, 상호저축은행, 상호금융 중에서 가톨릭으로부터 태동한 신용협동조합을 연구 하고자 한다.

한국전쟁 이후 한국 사회에서 민간 주도의 협동조합운동은 다양한 갈래로 전개되었으나 금융부분에서는 1960년대 가톨릭을 중심으로 한 신용협동조합을 시작으로 다양하게 확대되었다. 초기 신용협동조합 운동의 흐름은 지역 내 종교공동체인 성당의 수녀, 신부가 주축이 되어 설립되었으며 점차 도시, 농촌, 단체, 직장 등으로 확산하여 지역 서민금융의 중추적 역할을 담당하였다. 신용협동조합은 공동유대를 바탕으로 구성원의 경제적·사회적 지위를 향상하고 지역주민들에게 금융 편의를 제공하여 지역경제 발전에 기여를 목적으로 설립된 조직이다. 이러한 설립목

적에 따라 정부 정책 기조에 발맞춰 신용협동조합은 사회적경제를 지원
하는 방안을 마련하여 서민대출상품 출시, 사회공헌활동 등 다양한 시도
를 전개하였다.[3]

   본 저자는 "내발적 공동체 기반의 도시회복력 연구"에서 가톨릭으로부
터 출발한 신용협동조합 운동을 사회적금융의 관점에서 연구하고자 한
다. 따라서 한국 신용협동조합의 태동과 현황, 원주와 인천지역 신협운
동의 역사와 현황 그리고 원주밝음신협의 사회적경제를 지원하는 공동
체 사례와 인천 부평구 미추홀신협의 노동자·서민을 지원한 공동체 활
성화 사례를 소개한다. 이를 바탕으로 신용협동조합의 지역공동체 활성
화에 대한 진단과 과제를 가톨릭교회의 관점에서 제언하고자 한다.

2. 한국 신용협동조합 운동의 태동과 현황

1) 가톨릭 교리와 한국 신용협동조합의 태동

   종교와 경제는 어떤 연관관계가 있는 것일까? 특히 교회는 십일조를
내며 신앙생활을 한다. 그렇다면 종교가 가르치는 경제는 무엇인가?
   위에서 언급한 칼 폴라니라는 경제학자는 사회의 영역인 공동체와 경
제의 영역인 시장이 서로 분리되면서 나타나는 현상에 주목하고 분리되
어가는 경제의 영역 시장을 사회 안으로 포용하고 착근해야 한다고 주장
하였다. 그렇다면 종교는 대부분 신앙공동체를 중심으로 하는 사회 영역
에 가깝다고 할 수 있으나 경제적 입장에서는 십일조와 헌금을 통하여

---

3 최교식(신협중앙외 부산경남지역본부장) – 신협의 사회적 역할 경남신문(2018.10.01.)

교회의 경제적인 부분이 작동된다고 할 수 있다.

칼 폴라니의 논의로부터 사회가 중심이 되어 이제 경제의 영역을 포용하는 것이 바로 자본주의 시장경제의 문제점을 포용하는 대안적 방법론이라면, 종교가 지향하는 경제적 공동체의 지향점과 필자가 연구하는 내발적 공동체 기반의 도시회복력 연구는 매우 정합적이라고 할 수 있다. 그래서 교회가 가르치는 경제 혹은 종교 윤리의 경제에 대한 담론에 평신도 연구 53호를 살펴보면 다음과 같은 글이 있다.

> 교회의 경제 윤리 가르침
>
> 경제라는 주제는 우리가 살아가는 데 필수적인 담론이며 화두의 중심에 자리 잡고 있다. 왜냐하면 먹고사는 문제는 인간 삶의 가장 중요한 요소이기 때문이다. 복음서를 통해 보도되고 있는 예수님의 행적에서도 '5,000명을 먹이신 기적'(마르 6,30-44), '부자 청년과 하늘나라'(마르 10,17-27), '성전 정화'(마태 21,12-17), '탐욕과 어리석은 부자의 비유' (루카 12,13-21) 등 경제적인 주제들이 주된 가르침으로 이용되었다. 그리고 성령을 받은 사도들로부터 세워진 초기 교회 역시 재산을 공동으로 소유하며 가난한 사람이 없는 진보된 경제공동체를 구현하였다(사도 5,32-35). 그런데도 교회가 경제적인 주제에 관심을 두고 재화의 공평한 분배를 공식적으로 인류사회에 촉구하게 된 시점은 불과 125년 전 레오 13세 교황의 사회회칙 〈새로운 사태(Rerum Novarum)〉 발표를 통해 구체화 되기 시작하였다. 〈새로운 사태〉 이후 비오 11세 교황의 〈40주년〉, 성 요한 23세 교황의 〈어머니요 스승〉, 복자 바오로 6세 교황의 〈민족들의 발전〉, 성 요한 바오로 2세 교황의 〈노동하는 인간〉, 〈사회적 관심〉, 〈백주년〉, 베네딕토 16세 교황의 〈진리 안의 사랑〉은 〈새로운 사태〉의 내용을 계승 발전시키며 교회의 경제 윤리 가르침의 기반을 이루고 있다. 교회의 경제적 가르침의 핵심은, 경제생활은 생산된 재화를 증가시키고

이윤만을 추구해서는 안 된다는 것이다. 경제생활은 개인은 물론 인간 전체와 인류 공동체에 공평한 이익이 돌아가야 한다는 것을 목표로 제시하고 있다.[4]

위의 인용글에서 종교적 경제공동체는 공유경제 즉, 인간 전체와 인류 공동체에 공평하게 돌아가야 한다는 목표를 제시하고 있으며 이에 대한 실천적 의미로 초기 신협운동은 가톨릭교회의 가르침에서 출발했다고 할 수 있다. 우리가 사는 골목길 어딘가에 있는 신용협동조합의 세계적 흐름은 독일에서 도시와 농촌의 두 가지 유형으로 출발했다.

헤르만 슐체-델리취(Hermann Schulze-Delitzsch, 1808~1883)는 1849년 목수와 구두 수선공을 위한 구매협동조합을 설립한 데 이어 이듬해에 신협을 설립하여 유리한 조건으로 도시 수공업자들에게 대출했다. 한편 라이파이젠은 그리스도교의 형제애(이웃사랑)를 토대로 하층 농민의 고리대금과 빈곤의 악순환 문제를 해결하려고 1849년 부유한 사람들의 기부금을 토대로 빈농구제조합을 설립했다.

하지만 자선방식이 한계에 봉착하자 1862년에는 안하우젠, 1864년에는 헤데스도르프에서 농민들에 의한 근검절약, 자조, 자립을 바탕으로 본격적인 농촌 신협을 조직했다. 이후 라이파이젠 신협운동은 19세기 후반 이탈리아, 프랑스 등 유럽을 거쳐, 20세기 초에는 인도 등 아시아 및 북미대륙으로 번져 나갔다.[5]

한국의 신협운동은 한국전쟁이 남긴 상처 위에서 출발하였다. 한국전

---

4 박순석, 「가톨릭교회 공동체 안에서 공유경제 연구와 실천의 필요성」, 평신도, 2016, 18~19쪽.
5 손석조, 「한국 신용협동조합 운동과 천주교회」, 『가톨릭평론』 제19호, 2021, 137~138쪽.

쟁은 인구 3,000만 명 중 사상자가 600만 명이나 발생했으며 물적 피해
는 공업시설의 43%, 발전시설의 41%, 탄광시설의 50%, 주택의 33%가
파괴되었다. 이러한 어려움을 개선하고자 1957년 경제 부흥 5개년 계획
을 시작하였고 일제강점기 때 설립되었던 금융조합과 축산조합 원예조
합과 어업조합을 기반으로 1958년 4월에 특수법인 농업은행과 8월에 농
협중앙회가 발족 되었다.

　1960년대 초 경제 부흥정책에도 불구하고 국민의 허기와 경제의 어려
움은 나아지지 않았다. 당시 무상원조와 유상원조인 경제원조는 자립을
위한 지원이라기보다는 구호나 구제를 위한 지원으로 원조의 문제점이
드러나기 시작하였다. 원조의 문제점은 자립보다는 의존의 경향이 나타
나기 시작하면서 무기력해지고 의존심이 생겨서 전쟁 때 보다 더 정신적
으로 위험한 상황으로 치닫고 있었다.

　이러한 사회현상은 경제상황으로 이어져 생산성은 저하하고 소득이
줄어들어 저축할 수 없는 것은 물론이며 투자가 이루어지지 않아 악순환
은 계속되고 있었다. 결국 항구적인 자립 방법은 스스로 일어나 문제를
해결하고 국가를 건설하는 것뿐이었다. 이를 위해 모든 국민이 새롭게
인식하고 새롭게 힘을 모아야 할 필요가 있었다. 가난을 극복할 수 있는
진정한 길은 자조·자립을 바탕으로 협동을 실천하는 방법밖에 없었다.

　이러한 인식 속에서 자조 정신을 바탕으로 협동을 통해 빈곤의 악순환
을 끊으려는 움직임으로 신협운동이 싹을 틔웠다. 그 출발은 '한국신협
운동의 어머니'라 불리는 메리 가브리엘라(Mary Gavriella Mulherin, 1900~
1993) 수녀와 한국신협운동의 또 다른 뿌리인 장대익(1923~2008) 신부로
부터 시작되었다.[6]

　협동조합은 탐욕으로 가득 찬 자본주의에 대항하며 19세기 중엽 노동

자, 농민 같은 사회적 약자가 자신들의 지위 향상을 도모하려는 운동으로 발생했다. 프랑스 가톨릭 사제인 라므네(Friederic Robert de Lamenais, 1782~1854) 신부는 "협동조합은 현실에서 볼 수 있는 형제애의 공동체. 우리는 단 한그루의 외로운 풀이 되어서는 안 된다. 단결하여 서로 돕고 서로 가려주는 덮개가 되자"라고 협동조합을 주창한 바 있다.[7]

또한 초기 그리스도교의 로마는 압류를 통해 땅의 소유권을 가져갔고, 조세체계를 통해 잉여생산물을 갈취했다. 소규모 자유농민은 빚을 지고 소작인이나 날품팔이로 몰락했으며, 빚 때문에 죄인이나 노예가 되기도 했다.[8] 이러한 상황에서 초기 그리스도교 공동체가 마주했던 빈곤의 사회적 문제와 유사한 한국의 상황은 굶주리고 몰락해 가는 서민들을 끌어안는 공동체적인 삶을 실천할 수밖에 없었다.[9] 이 실천의 원리는 밥을 나누고 서로의 자원을 동원해 어려운 이를 위해 함께 사용하는 것이었다.

초기 그리스도교 공동체는 공유를 통해, 로마의 수탈로 삶이 붕괴되어 가던 이들을 보호하고, 누군가의 욕심에 의해 작은 공동체가 깨지지 않게 보호하려 했다. 따라서 이들의 공유는 제국의 질서를 넘어 공공성과 개인 신앙의 실천을 연결하는 지향점을 담은 실천이었다.[10] 위와 같은

---

6 한국협동조합중앙회, 『한국신협 50년사』, 2011.

7 손석조, 「한국 신용협동조합 운동과 천주교회」, 『가톨릭평론』 제19호, 2021, 136쪽.

8 볼프강 슈테게만·에케하르트 슈테게만, 『초기 그리스도교의 사회사』, 동연, 2008, 172쪽.

9 믿는 사람은 모두 함께 지내며 그들의 모든 것을 공동소유로 내어놓고 재산과 물건을 팔아서 모든 사람에게 필요한 만큼 나누어주었다. 그리고 한마음이 되어 날마다 열심히 성전에 모였으며 집집마다 돌아가며 같이 빵을 나누고 순수한 마음으로 기쁘게 음식을 함께 먹으며……(『공동번역 성서』 사도 2,44-46)

10 유승태, 「공유경제 너머의 공유」, 『가톨릭평론』 제19호, 2021, 134쪽.

협동조합과 공유의 개념의 가톨릭 정신은 신용협동조합 운동으로 나타
났다.

한국의 이용훈 주교는 "2018년 세계 신용협동조합(이하 신협)운동의 선
구자인 라이파이젠(Friedrich Wilhelm Raiffeisen, 1818~1888)의 탄생 200주
년에 즈음하여 '가난한 이들을 위한 우선적 선택'의 삶을 온몸으로 살아
낸 라이파이젠의 선택은 이제 한국을 비롯하여 전 세계에 전파되어 '겨자
씨의 비유'로 드러나는 하느님 나라의 모습을 엿보게 해준다(마태 13,
31-33)"고 평했다.

또한 한국에서는 가톨릭교회가 신협운동의 씨앗을 뿌려 싹이 트고 자
라나는 데 매우 중요한 역할을 했고 2020년 한국신협운동 60주년을 앞
두고 신협과 천주교회 간의 역사와 관계를 검토하는 것은 커다란 의미가
있다고 보았다.[11]

일제강점기 식민지 수탈과 한국전쟁으로 폐허가 된 1950년대 한국은
외국 원조에 의존하던 시기였다. 한국신협운동은 당시 절대적 빈곤에서
벗어나고 경제적 자활을 위해 메리 가브리엘라 수녀(미국 메리놀수녀회)와
장대익 신부에 의해서 1960년 부산과 서울에서 시작되었다. 이 두 선구
자는 모두 캐나다 안티고니시의 성프란치스코하비에르대학교에서 협동
조합 전반 및 신협을 공부하고 귀국한 뒤 한국인의 자립을 돕기 위해
신협운동을 도입했다.

메리 가브리엘라 수녀는 메리놀수녀회 소속으로 1930년 천주교 평양
교구에 부임해 신의주와 평양 근처의 명주에서 선교활동을 하며 한국과
인연을 이어왔다. 수녀는 1942년 미국으로 돌아가 메리놀수녀원 신학교

---

11 손석조, 「한국 신용협동조합 운동과 천주교회」, 『가톨릭평론』 제19호, 2021, 137쪽.

행정처에서 연수하였다. 그러다 1952년 부산으로 돌아와 메리놀병원에 근무하며 전사자 가족을 돕는 등 구호 활동에 전념했다. 그러면서 전후 복구와 빈곤 극복을 위해서는 무엇보다 한국 사람 스스로 자립하는 힘을 길러야 한다는 신념을 갖게 되었다.[12]

메리 가르브리엘라 수녀가 사회사업과 협동조합을 공부하며 가졌던 이런 인식이 다른 사람들에게도 퍼져나갔다. '협동조합'이라는 생소한 용어가 어느덧 한국 사람들과 자립하고자 하는 한국 사람들을 위해 계획을 세우려고 모인 사람들 입에 적지 않게 오르내렸다. 그런데 문제는 협동조합의 조직과 운영 방법을 가르칠 수 있을 정도로 충분히 알고 있는 지도자가 당시에는 없었다.

주한외국봉사단체협의회(Korean Association of Voluntary Agency, KAVA) 이사이기도 했던 메리 가브리엘라 수녀는 1957년 11월에 뉴욕에서 열린 KAVA미국협의회에 참석했다. 이 회의에서 그는 "한국 국민을 구할 수 있는 것은 그들 스스로 일어설 힘을 길러주는 길"이라고 역설했다. 그 응답으로 회의 참석자 가운데 한 명이 캐나다 노바스코샤(Nova Scotia)의 안티고니시 운동(Antigonish Movement)을 배울 것을 제안했다. 메리 가브리엘라 수녀의 주장이 안티고니시 운동의 선구자 마이클 코디(Michael M. Coady) 박사의 명언인 "고기를 줄 것이 아니라 고기 잡는 방법을 가르쳐주어야 한다"는 말과 상통한 데 따른 것이었다.

메리 가브리엘라 수녀는 안티고니시 운동이 한국 실정에 맞는 대안이라고 판단했다. 그리고 1957년 12월 성 프란치스코 하비에르대학으로 날아가 2개월 동안 체류하며 코디 교수와 톰킨스 교수에게서 안티고니

---

12 한국협동조합중앙회, 『한국신협 50년사』, 2011.

시 운동의 이론과 실제를 배웠다. 1958년 1월 한국에 돌아온 메리 가브리엘라 수녀는 이 운동을 각계각층에 소개하기 위해 모든 노력을 기울였다. 그의 목표는 협동조합운동을 한국 국민에게 널리 알리고, 이들이 사회적·경제적 문제를 스스로 해결하도록 만드는 일이었다.

메리 가브리엘라 수녀는 부산교구 최재선 주교의 배려로 1959년 2월 3일부터 6일까지 부산 메리놀수녀회에서 4일 일정으로 최초의 워크숍을 개최한다. 이 워크숍은 이 땅에서 민간 주도의 협동조합운동이 첫발을 내디딘 일로 기록된다. 참석자는 메리 가브리엘라 수녀를 위시해 UMKRA 한국 고문 3명 등 총 18명이었다. '한국에서의 협동조합 방법과 실천에 관한 첫 번째의 연구 워크숍'이라는 정식 명칭을 달고 진행한 제1차 협동조합 세미나의 주요 프로그램은 안티고나시 운동, 다른 나라 협동조합의 역사, 신협운동 개요, 한국 국민의 저축 역사, 서민금융제도의 안전성, 리더십과 미래에 대한 전망 등이었다.

참가자들은 강의와 그룹 토론, 집단 토론 등을 통해 신협운동을 이해하고 실천적 대안을 모색했다. 4일간 이어진 집중 토론의 결론은 '더 이상 시간을 소비하지 말고 즉각 실행해야 한다'는 것이었다. 그 후, 1960년 5월 1일 부산 메리놀병원에서 메리놀병원과 성분도병원, 가톨릭구제회(NCWC) 직원들, 부산 중앙성당 신자 27명이 '성가신협(Holy Family Credit Union)'을 설립했다. 메리 가브리엘라 수녀가 부산을 무대로 협동조합운동을 준비하던 무렵, 서울에서는 장대익 신부와 협동경제연구회가 또 다른 신용협동조합 운동의 불씨를 마련하고 있었다.

한국전쟁 이후 장호원본당(현 청주교구 감곡본당)에 부임한 장대익 신부는 당시 절대 빈곤에 시달리는 농민의 현실을 가슴 아파했다. 특히 그는 농민들이 구호물자도 떨어지고, 돈도 바닥이 나면 어떻게 하면 될지 끊임없이 고민했다. 농촌의 고질적인 문제를 해결하기 위해서는 주민들에게 고기를 그냥 줄 것이 아니라 고기 잡는 법을 가르쳐야 한다는 데 생각이 미친 그는, 이런저런 궁리 끝에 '생산자 협동조합'에서 답을 찾기로 했다. 그는 감목대리였던 제임스 파디(James V. Pardy) 주교로부터 세계적인 명성의 캐나다 안티고니시 운동을 소개받고 민중 사목에 협동조합 운동을 결합해야 한다는 깨우침을 얻었다.

장대익 신부는 1957년 9월 캐나다 안티고니시에 있는 프란치스코 하비에르대학에서 1년 동안 협동조합운동을 배웠다. 안티고니시 운동의 결과는 경이로움 그 자체였다. 가난한 이들이 힘을 모아 공장을 기계화하고 조직적으로 협동조합을 운영하는 모습을 본 장대익 신부는 하루라도 빨리 이 운동을 한국에서 펼쳐야겠다고 결심했다. 이후 그는 미국 뉴욕 포드햄대학에서 사회학 대학원 과정을 거쳐 귀국했다. 1959년 8월 서울교구 후원으로 서울 중구 소공동에 사무실을 낸 장대익 신부는 본격적으로 신용협동조합 운동에 대한 구상을 구체화해나갔다.

장대익 신부와 별도로 천주교 내에는 평양교구 소속의 월남 신도들이 빈곤 타개의 대안으로 '신용조합'을 연구하기 위해 1958년에 결성한 자생적인 단체가 있었다. 이 단체는 1959년 공식 출범한 '협동경제연구회'의 모태가 되었다. 이 단체는 1958년 여름 '신용조합' 안내서를 발간하고 1959년 2월 강연회를 개최하는 등 협동조합을 구상하며 새로운 방향을 모색하고 있었다. 중심인물은 신자인 김동호 외에 장홍선 신부, 이시몬 신부 등이었다. 1959년 10월 자체적으로 협동조합의 방향을 모색하던 이 모임과 캐나다에서 협동조합의 구체적인 성공 모델인 안티고니시 운동을 배우고 돌아온 장대익 신부의 만남은 엄청난 상승작용을 일으킨다. 장대익 신부는 이들과 함께 협동조합운동을 이 땅에서 실현하는 협력

방안을 모색했으며, 이것은 이듬해 한국 가톨릭교회 내에 신협을 태동시
키는 계기가 되었다.

　장대익 신부는 서울과 인천, 대구 등 각 지역의 본당은 물론이고 서강
대학교와 효성여자대학교 등 전국의 대학을 돌며 신용협동조합 운동의
필요성을 전파하는 데 온 힘을 다했다. 이 모임 역시 당시 협동조합 운동
의 가치를 높이 평가한 노기남 대주교의 도움으로 1959년 11월 10일 회
원 8명이 참여한 '협동경제연구회'로 공식 출범할 수 있었다. 내부 규약
을 제정하고 매월 2회씩 정기 모임을 여는 등 단체의 틀을 갖춘 협동경제
연구회는 출범한 지 5개월 만인 1960년 3월 회원이 20명으로 늘어날
만큼 활기찬 활동을 이어갔다.

　이는 초창기 신용협동조합 운동이 뿌리내리고 꽃피우게 될 민중적 토
양의 성격을 말해주는 방증이기도 하였다. 1960년 6월 26일 장대익 신부
와 협동경제연구회 주도로 서울 거주 신자들을 조합원으로 하는 '가톨릭
중앙신협'이 설립되었다.

2) 가톨릭을 넘은 신용협동조합 운동의 저변확대

　1960년 2월에는 미국 신협연합회(Credit Union National Association,
CUNA)국제 교도부의 카를로스 마토스(Carlos M. Matos) 차장이 방한해
한국신협운동 태동의 기폭제 역할을 하기도 했다. 매리 가브리엘라 수녀
의 요청으로 내한한 카를로스 마토스는 서울과 부산에서 열린 두 번의
강연회에서 신협의 필요성을 역설했다. 협동경제연구회가 주최한 서울
강연회에는 교구 소속 신부와 협동경제연구회 회원 등 30여 명과 함께
노기남 대주교가 참석해 큰 관심을 보였다.

카를로스 마토스는 강연을 통해 한국에서의 신협운동은 낙관적이며, 교우끼리 신용조합을 잘 운영하면 CUNA에 가입할 수 있다고 격려했다. 메리 가브리엘라 수녀의 주선으로 부산 메리놀병원에서 열린 부산 강연회는 최재선 주교를 비롯한 교구 소속 신부들이 참석했다. 카를로스 마토스는 이 강연회에서 처음부터 대규모 자금으로 시작하려 들지 말고 작은 규모로 시작해 서로의 신뢰를 바탕으로 발전해나갈 것을 당부했다.

그는 메리 가브리엘라 수녀의 요청으로 신협의 잠재적 경쟁 관계를 우려하는 농협과 정부기관 그리고 여타 금융기관들을 방문해 신협이 필요한 이유와 함께 다른 금융기관과 경쟁적인 조직이 아니라는 사실을 설명하기도 했다. 1957년부터 서서히 시작된 한국신협운동은 1960년 카를로스 마토스와 CUNA의 지원 활동을 계기로 마침내 구체적인 태동 단계에까지 도달했다.

이처럼 오랜 빈곤의 극복 대안으로 떠오른 한국신협운동에서는 몇 가지 중요한 특징이 발견된다. 먼저 당시 금융조합, 농업조합 등 관치로 조직·운영되었던 협동조합과 달리 초기 지도자들의 활동 양상이 자생적으로 조직되었다는 점이다. 이는 다른 개발도상국 신협이 정부의 개발정책을 시행하거나 보조하기 위한 도구로 정부 지원 아래 생겨났다는 점과 비교할 때 협동조합의 모범으로 평가할 수 있는 대단히 중요한 특징이다.

예컨대 메리 가브리엘라 수녀는 KAVA 이사로서 봉사단체를 중심으로 신협운동을 한국에 접목하고자 했으며, 장대익 신부 역시 가난한 민중의 현실을 극복할 방편으로 신협운동을 수용했다. 또한 협동경제연구회도 천주교 신자 모임으로서 자신과 이웃의 궁핍한 현실을 타개할 방안으로 신용조합을 구상했다.

이들은 별도의 논의 없이 신협운동에 접근했지만, 빈민 대중의 자금 유통과 사회경제적 지위 향상을 위한 수단으로 사회봉사와 상호부조를 실천하는 방편으로서 신협운동을 대안으로 삼았다. 아울러 한국신협운동은 일반 금융기관처럼 불특정 대중을 대상으로 출발한 것이 아니라 서로 잘 알고 신뢰하던 선교조직이나 구휼단체, 그리고 국내 천주교 조직 등 기관단체 구성원을 중심으로 공동유대를 통해 형성된 점 또한 주목할 수 있다. 즉 '믿을 수 있는 사람끼리 상호부조하는 조합'이라는 신협의 공통유대 개념은 이렇게 처음부터 상호신뢰의 바탕에서 형성된 것이다.

신협의 운영원칙이 민주주의 발전에 크게 이바지한 점도 매우 주목된다. 신협은 태동부터 운영에 있어 주식회사의 '1주 1표'가 아닌 '1조합원 1표' 원칙을 고수해 인적 결합체로서의 특징을 강조했다. 또한 총회를 통한 의사결정, 임원 선출 등의 과정을 통해 직접 민주주의를 실현하고 교육하는 장이 되었다.

무엇보다도 중요한 점은 신협운동이 주로 종교단체 구성원을 주축으로 태동했으나 선교활동을 앞세운 것이 아니라 '서민 대중의 가난 구제'에 무게중심을 두었다는 사실이다. 이는 향후 신협운동이 대중 속에서 빠르게 뿌리내리고 성장해가는 과정에서 그 진정성이 입증되었다.

가톨릭으로부터 시작한 신용협동조합 운동은 초기 선교활동을 중심으로 신용협동조합 운동이 발현된 것이 아니라 한국전쟁 이후 너무나 가난한 민중들을 구제하기 위하여 시작한 운동이었다. 메리 가브리엘라 수녀가 한국전쟁 이후 빈곤과 원조경제로 인한 자립 의지의 상실로 인한 대안으로 "고기를 줄 것이 아니라 고기 잡는 방법을 가르쳐주어야 한다"는 당시 캐나다 노바스코샤(Nova Scotia)의 안티고니시 운동(Antigonish Movement)을 한국에 태동시켰다.

안티고니시 운동은 캐나다 동부 연안의 작은 어촌 지역인 안티고니시에서 시작한 지역 자립형 경제의 모델이다. 1929년 안토고니시는 대공항 여파로 인구 감소와 심각한 빈곤에 시달렸다. 이를 지켜보던 이 지역 성 프란치스코 하비에르(St. Francis Xavier)대학의 고디 교수와 제임스 톰킨스(James Tompkins) 교수는 빈곤의 원인으로 경제사회구조의 모순과는 별도로 주민이 스스로 문제를 해결하는 능력이 부족한 점을 발견했다. 이에 두 사람은 연구를 통해 협동조합 운동의 청사진을 마련하고 운동가들을 배출하는 데 온 힘을 기울였다.

그 결과 안티고니시를 포함한 노바스코샤주 일대는 부유한 동네로 탈바꿈했다. 이후 안티고시니는 가난한 지역의 자립 성공 모델로 자리 잡았다.[13] 메리 가브리엘라 수녀는 이러한 모델이 한국에 필요함을 인지하였고, 한국 땅에 민중들의 빈곤 탈출과 자립형 지역경제 활성화 방법으로 시작한 것이 신용협동조합 운동이었다.

신용협동조합 운동을 전국으로 전개하기 위해 메리가브리엘라 수녀는 "협동조합교도봉사회"를 조직하여 운영비용을 지원하였다. 협동조합교도봉사회는 가톨릭구제봉사회, 메리놀신부회, 아시아재단, 캐나다연합교회, 미국 텍사스와 오하이오신협연합회, 옥스퍼드빈민구제기금, 프랜시스세이비어대학 총장, 코디연구원 이사 등으로 구성하였다. 1963년 7월 1일 '협동교육연구원'으로 명칭을 변경하고 신용협동조합법이 제정되기 전까지 총 2,074명의 수료생을 배출하며 전국 신용협동조합 운동의 양적팽창의 지대한 공헌을 하였다.

양적팽창을 아래의 〈표 1〉에서 보면 조합 수는 1960년 대비 2021년에

---

13 『한국신협 50년사』.

876개 늘어나 290배 증가하였고 조합원 수도 1960년 365명에서 2021년 643만 명으로 확대되어 176배 증가하였다. 조합원 규모만 비교하면 2021년 7월 말 현재 인구 전체 12.4%가 이용하고 있는 규모이다. 이용자 수 1,384만 명으로 인구 대비 26.8%가 사용하는 국민의 은행으로 성장했다.

〈표 1〉 설립 당시 신협과 조합원 수 성장추이

구 분	1960	1964	1967	1971	1975	1980	2021
조합 수	3	82	228	582	1,140	1,496	879
조합원 수	365	11,565	34,520	100,455	365,473	589,696	634만명

(출처 : 신협중앙회 2020년 신협통계 재가공)

신협운동은 1962년 지도자강습회에서 개신교 최문환·이주식 목사 교육 수료 후 길동신용조합, 선린신용조합을 설립하여 개신교로 확장되었으며 1970년에는 한국기독교 농촌봉사회, 기독교 농촌연구소, 감리교 대표 등 60명이 신용협동조합 교육을 수료하면서 개신교회에서 본격적인 저변확대가 전개되었다. 1967년 원불교신용조합, 1970년 천도교신용조합도 창립되면서 다양한 종교영역으로 확장되었다.

1967년 육군전진부대에서 군인신용조합 창립, 1968년 국영기업 농어촌개발공사신협, 재무부 이재국신협, 1972년 동부경찰서신협, 우체국, 전화국으로 저변이 확장되면서 신용협동조합 운동은 가톨릭교회에서 출발하여 다양한 영역으로 전개되어 나타났다. 이뿐만 아니라 1968년 최초 삼화인쇄조합 외 20개의 직장신협이 설립되었으며 이러한 신협운동은 새마을금고로 확장되는 계기가 되기도 한다.

새마을금고로 전파된 신협운동은 1963년 4월 재건국민운동본부 소속 재건청년회, 재건부녀회 일부 회원이 제3차 지도자강습회 교육 수료 후, 하둔신용조합, 월곡신용조합을 설립하였고 이는 새마을금고 제1호와 제2호가 된다.

1988년 12월 신용협동조합법의 개정으로 기존 특별시, 광역시, 도 단위로 설치된 지부를 연합회로 지정하고 기존의 연합회를 중앙회로 개편하여 신용협동조합은 지역주민 속으로 저변이 확장되었다. 1997년 IMF를 금융위기를 거치면서 12월 신용협동조합의 재개정으로 연합회가 폐지되고 단위조합과 중앙회로 2단계 조직으로 개편되었으며, 1999년 2월 비조합원도 조합 사업의 범위에 예탁금 및 적금을 이용할 수 있도록 추가되었다.

2004년부터는 일반인에 대한 대출을 일정 한도 내에서 취급할 수 있어서 신협의 양적 확대와 함께 업무 범위가 확대되기도 하였다. 그러나 이러한 신협은 규제라는 금융당국의 조치를 받으면서 신협의 초기 정신은 점점 더 사라져 가고 있었다.

신협의 저변확대는 위에서 살펴본 바와 같이 공동유대에 따른 다양한 신협 조직으로 다양하게 확대되어 나타났다. 신협의 공동유대는 신용협동조합의 설립과 구성원의 자격을 결정하는 기본단위이며, 조합의 공동유대는 행정구역·경제권·생활권 또는 직장·단체 등을 중심으로 하여 정관으로 정하고 있으며 신용협동조합은 지역조합, 직장조합, 단체조합으로 구분되며, 공동유대의 범위는 조합의 종류에 따라 다음과 같다.

지역조합은 같은 시·군 또는 구에 속하는 읍·면·동으로 하며 다만, 금융위원회가 같은 시·군 또는 구에 속하지 아니하는 읍·면·동을 공동유대의 범위 안에 있다고 인정하여 승인한 경우 포함할 수 있다고 규정하고 있다. 예를 들면 인천의 경우 미추홀신협, 동암신협, 만수중앙신협, 도화동신협 등이 이러한 신협이라고 할 수 있다.

직장조합은 같은 직장의 경우 당해 직장의 지점·자회사·계열회사 등, 산하기관을 포함할 수 있다. 이는 직장단위를 공동유대로 결성하여 국방신협, 국민은행신협 등이 있다. 단체조합은 교회·사찰 등의 종교단체, 시장상인 단체, 구성원 간에 상호 밀접한 협력관계가 있는 사단법인, 국가로부터 공인된 자격 또는 면허 등을 취득한 자로 구성된 같은 직종단체로서 법령에 따른 인가를 받은 단체로 구성할 수 있다.[14] 단체신협은 종교나 시장·각종협회 등 단체 소속자들이 공동유대에 의해 결성되는 조직으로 치과신협, 약사신협, 경인침례교회신협 등이 있다.

3) 서민들을 위한 사회적금융으로서 신협 그리고 현재

한국 신용협동조합의 시작은 가톨릭에서 출발하였지만, 당시 시대 상황에서 맞춘 지역공동체 기반의 상호부조를 바탕으로 이루어졌다. 이러한 배경으로 자립형 서민구제 금융의 방식으로 다양하게 확장되었다. 이러한 확장은 이용자 수에서 보면 1960년 부산 메리놀 수녀원 한쪽 작은 사무실에서 27명이 10만 원으로 시작한 한국신협은 60년 만에 조합원 634만 명, 이용자 수 1,384만 명으로 전국민의 26.8%가 이용하는 금융기관으로 확대되었다.

총자산은 출자금 10만 원으로 시작한 자산은 약 120조 원으로 성장하였고 조합 수 및 영업점에서도 지역, 직장, 단체의 공동유대를 기반으로 조합은 전국 879개, 영업점은 1,676개가 운영 중이다. 아시아신협연합

---

14 위키백과 자료 인용.

회의 현황은 23개국, 조합 수 31,752개, 조합원 수 3,610만 명, 자산 222조 원이며 세계신협협의회의 규모는 118개국, 조합 수 86,055개, 조합원 수 2억 9,143만 명, 자산 3,021조 원 규모이다.

신용협동조합이 1997년 외환위기 이후 제도권 금융기관의 규제를 받으면서 많은 부분 지역금융기관으로서 서민금융기관이라는 초기의 정신을 많이 잃어가고 있었다.

2012년 협동조합기본법 발효 이후 사회적기업, 협동조합, 마을기업, 자활기업, 소셜벤처 등 다양한 사회적경제 조직의 형태로 등장하고 있다. 이러한 사회적경제 조직에 신용협동조합 중앙회 김윤식 회장은 2019년 3월 취임 1주년 기자간담회에서 "신협이 나아가야 할 방향 중 하나를 '사회적금융' 강화"라고 강조하며 "다른 금융기관과 차별되는 협동조합 정신을 기반으로 신협 본연의 사회적 가치를 지향하겠다"고 밝혔다.

그리고 1년 뒤 코로나 19가 전 세계를 강타하며 국내외 경제가 매우 어려울 때 김윤식 회장이 내세웠던 '사회적금융' 강화로 신협은 마을기업, 협동조합, 사회적기업 등 사회적경제기업이 코로나 19를 극복하는데 든든한 버팀목이 되고 있었다.[15]

최근 사회적경제 조직은 단체 신협을 창립하였고 신용협동조합으로 승인까지는 시간이 필요하겠지만 창립의 과정에서 "연대와 협동에 기반을 둔 사회적금융을 통해 사회적경제 발전을 이끌어간다"는 미션을 강조하였고, 5대 운영원칙을 준수해나갈 것을 선언했다. 5대 운영원칙은 "①사회적경제 기업 및 종사자의 믿음직한 금융파트너, ②사회적경제

---

15 신아일보(http://www.shinailbo.co.kr), 2021년 8월 12일 신협, 코로나 19 위기 속 사회적경제 버팀목 '자리매김'.

와의 협동과 연대의 실현, ③지역경제 활성화에 적극적으로 기여, ④조합원들의 능동적인 참여 보장과 민주적 운영, ⑤사회적금융 중개기관과 더불어 성장"이다.

1997년 이후 2008년 세계금융위기는 신자유주의 폐해와 기존 자본주의 금융시스템의 본질적인 모순으로부터 나타났다. 자본주의 역사의 소득 불평등은 자본주의 역사 200년을 분석한 피케티의 '21세기 자본론'에서 실증하였으며 이러한 야만적 자본주의에 세계 시민들은 '월가시위(Occupy Wall Street)'운동으로 저항하였다.[16] 칼 폴라니는 이를 사회의 영역(공동체)으로부터 일탈한 시장경제(자본주의)를 다시 사회적 영역(공동체)으로 착근시켜야 한다고 하였다. 높은 고리대와 초국적 자본으로 발달한 거대한 자본은 전 세계의 주식시장을 넘나들며 약탈을 합법화하고 있다. 따라서 공동체적 이익에서 일탈한 자본을 사회적 영역(공동체)으로 금융을 포용하는 방법으로 사회적금융을 대안으로 주장하는 연구자도 있다.

사회적금융은 자본주의적 경제조직의 발전과정에서 조성되었던 기존 금융 생태계와는 차별화되는 새로운 금융지원 체제를 요구한다. 따라서 사회적금융은 개인을 뛰어넘어 사회와 융합된 상태에서만 그 정의를 내릴 수 있다. 사회적금융은 금융이라는 경제적 행위가 반드시 사회에 뿌리내리기 때문에 사회적금융은 방법론적으로는 금융이라는 경제적 수단을 활용하지만, 궁극적으로는 사회문제를 해결하는 데 기여하고, 또 이를 통해 사회발전의 원동력으로 작용해야 한다는 것이다. 이를 통해 사

---

16 남승균, 「지역경제의 내발적발전과 사회적경제조직에 관한 연구」, 인천대학교 대학원, 박사학위 논문, 2016.

회적금융은 연대와 호혜를 바탕으로 한 사회적경제를 구축하는 중요한 요소로 작용한다.[17]

올라프 웨버와 스벤 레머(Olaf Weber Sven Remer)[18]는 사회적금융이란 '예금, 대출, 투자, 기부금을 포함한 기타 금융상품 및 서비스 등의 수단을 통해 사람과 환경, 문화에 긍정적인 영향을 주는 금융'이라고 정의하고 있다.[19] 상대적으로 사회적금융을 사회적경제 혹은 사회적경제기업의 활동과 연계하면서, '사회적경제의 활성화 또는 사회적 가치를 추구하는 사회목적조직들의 자금조달 요구에 부응할 목적으로 제공되는 일련의 자원 흐름, 또는 사회적 수익과 경제적 수익을 동시에 추구하는 다양한 경제적 활동들에 제공되는 일련의 자금흐름들'로 정의하기도 한다(Nicholls andPharoah, 2007).[20]

미국의 사회적금융은 사회문제 해결을 위해 설립된 비영리단체에 자금을 지원하는 금융시스템으로 정의 내릴 수 있다. 또한 그 역할은 사회적경제 조직의 자본조달이 원활히 이뤄질 수 있도록 금융서비스를 제공하는 업무에 초점을 맞추어져 있음을 알 수 있다.[21]

사회적금융의 정의는 한 사회에서 작동하는 금융활동이 그 사회와 밀접한 관계를 갖고 궁극적으로는 사회문제 해결을 지향하고자 하는 금융

---

17 김진호, 「대안으로서의 사회적금융에 관한 일고찰」, 인천대학교 석사학위 논문, 2013.
18 Olaf Weber and Sven Remer eds., Social Banks and the Future of Sustainable Finance, New York: Routledge, 2011.
19 http://blog.naver.com/PostView.nhn?blogId=projustice&logNo=30133502688
20 Nicholls, A., & C. Pharoah, "he Landscape of Social Finance,"Skoll Centre for Social Entrepreneurship, 2007.
21 양준호, 「유럽사례로 본 사회적금융」, 인천대사회적경제연구센터 주최 연구토론회 발제문, 2013.

시스템으로 해석이 가능하다. 따라서 사회적금융(Social Finance)이란 사회가 직면하고 있는 다양한 문제를 해결하는데 필요한 금융자본을 조성하고 가용한 금융 서비스를 통해 사회문제를 해결하는 데 도움을 제공하는 윤리적인 금융을 뜻한다.[22]

그러므로 사회적금융은 사회적경제 안에서 활동하는 주체들에 대해 인내력 있는 자본과 경영에 유익하고 다양한 서비스를 제공하여 사회적경제 조직들이 지속가능한발전을 실현할 수 있도록 지원하는 금융시스템이라고 볼 수 있으며 사회적경제 구축을 위한 필연적인 수단으로 간주할 수 있다.[23] 그러므로 사회적금융은 사회적경제의 다양한 조직들의 지속가능한발전을 담보하는 중요한 부분이다.

따라서 사회적금융의 관점에서 시대적 요구에 부응하는 신협의 몇 가지 동향을 소개하면 다음과 같다. 2014년 10월 개별 신협 및 중앙회, 그리고 임직원의 기부금을 재원으로 창립한 "사회적협동조합 신협사회공헌재단"은 기존의 복지사업 외에 그동안 정부의 규제로 인해 개별 신협 차원에서 시행하기 어려웠던 사업 등을 다양하게 추진했다.

첫째, 잘살기 위한 경제운동 차원에서 ①서민금융 및 사회적금융(자활지원 소액금융, 부실채권 소각, 햇살론 등 사회적경제조직 지원), ②타 협동조합 활성화 지원(청년협동조합 창업지원, 협동조합 경영코칭, 협동조합 세무회계 지원, 협동조합 다큐멘터리 제작 및 보급), ③전통시장 재난구호 지원을 전개했다.

둘째, 사회를 밝힐 교육운동 차원에서, ①청소년 금융교육(지역아동

---

22 남승균, 전게서, 2016.
23 김진호, 전게서, 2013.

센터 협동경제 멘토링, 1신협 1학교 금융교육), ②신협 어린이축구교실, ③아동센터 오케스트라 지원, ④대학생 아카데미(일일 신협 체험 포함)를 실시했다.

셋째, 더불어 사는 윤리운동으로서 ①헌혈 캠페인, ②국내 의료봉사, ③해외 재해복구 지원 및 무료의료봉사(필리핀, 몽골, 네팔, 스리랑카), ④온누리에 사랑을(취약계층 자선 성금 지원), ⑤(溫) 세상 나눔 캠페인(취약계층대상 연탄, 난방용품 지원), ⑥두 손 모아 봉사단 지원, ⑦직원 봉사활동(김장봉사, 연탄봉사, 묘비닦기, 타 기관과의 연합봉사 등)을 전개한다.

또한 신협중앙회는 2015년 유엔에서 정한 지속 가능한 발전목표(SDGs)의 슬로건인 '어느 누구도 소외되지 않는' 포용적 금융을 추진하려고 기존 사회공헌팀 외에 별도의 전담조직으로 사회적경제추진지원반(2017), 지역특화협동조합지원반(2018)을 신설하고, 이를 확대하고 아우르는 사회적경제부를 신설했다(2019 시행).[24]

한국신협의 지역사회 공헌을 살펴보면 사회적경제 활성화 사업(협동조합 창업 및 육성사업, 전통시장 상생사업, 지역특화 지원사업 등), 사회적 약자의 복리증진사업(지역아동센터멘토링사업, 취약아동 원어민 영어교육, 취약계층 청년장학금, 공립형 지역아동센터 건립 등), 지역주도의 사회문제해결(취약계층 사회서비스, 지역사회 문제해결, 포용금융지원, 교통약자 차량지원, 재난재해구호지원, 기타사업 등)이 있다.

이러한 지역공헌사업의 사례를 보면, 청운신협은 비영리특별법인 어린이집운영으로 여성의 사회활동 증가, 핵가족화라는 사회적 추세로 육아문제에 대응한 사례가 있다. 남춘천신협은 무료도서관 및 문화 센터

---

24 손석조, 전게서, 2021.

운영으로 사교육과열 학부모 부담을 줄이고, 다양한 교육기회 제공을 통하여 지역공헌사업을 하였다. 부산사상신협은 스포츠센터 운영을 통하여 지역민과 조합원 건강증진(실내골프장, 헬스장)에 기여하고 있으며 서산운산신협은 재가요양센터운영을 통하여 지역 독거노인이 많은 지역 특색을 살린 사업 충청남도 서천신협은 장례식장 운영을 통하여 장례식장의 부당행위에 피해 예방, 조합원에게 양질의 서비스를 제공하고 있다.

강원도 양구신협은 사우나시설운영을 통하여 지역주민들에게 실적인 혜택을 주는 지역공헌사업을 하고 있으며, 제주도 서귀포표선신협은 셀프빨래방운영을 통하여 지역공헌 사업을 추진하여 주민들의 생활편의시설이 부족한 것을 알고 지역민 생활편의를 제공하고 있다. 충주칠금신협은 농자재상점운영을 통하여 영농자재수급에 어려움을 겪는 지역민에 도움을 주고자 농자재상점을 운영하고 있고, 전라남도 완도제일신협은 공동구판매사업을 통하여 실질적인 지역민의 판로를 개척해 주고 있으며 특산품 미역의 안정적인 판로개척에 도움을 주고 있다.

이천신협은 주유소 운영으로 조합원 및 지역민의 저렴한 가격으로 필요한 주유를 제공하고 있으며, 예수병원신협은 편의점운영을 통하여 공헌하고 있으며, 달구벌신협은 커피숍 및 바리스타교육반 운영을 통하여 도시 내에서 다양한 문화 환경공간을 조성하여 지역민과 함께 하고 있다. 시흥미소신협은 도시민들의 요구사항인 주말농장 운영을 통하여 변두리 휴경지 이용, 조합원의 삶의 질 향상 도모 등 다양한 사업을 추진하고 있다.

창립 60주년을 맞은 한국신협은 한국 사회가 당면한 여러 사회문제를 해결하기 위해 취약계층과 서민을 위한 '7대 포용금융 프로젝트'에 주력

하고 있다. 그 내용과 의미를 설명하면 다음과 같다.[25]

첫째, 8.15해방 대출은 60년 전, 한국전쟁 직후 피난민의 도시 부산에서는 고리 사채가 횡행해 왔다. 이에 27명의 시민(가톨릭 신자)이 고리 사채로 인해 희망을 잃고 피눈물을 흘리는 피난민들을 위해 십시일반, 10만 원을 모아 성가신협을 세웠다. 이후 고리 사채로부터 전 국민을 구제하기 위한 신협운동은 전국각지에서 들불처럼 일어났다. 이러한 신협 정신을 이어받고자 최근 코로나와 어려운 경제환경에 서민과 자영업자, 직장인을 대상으로 고금리로 이용하는 서민들에게 중금리 신규대출과 대출 전환의 길을 열어주어 고금리로부터 해방하게 해주는 상품이다. 따라서 신협은 60년 전, 서민을 위해 분연히 일어섰던 초심을 다시 한번 되새기고 있다.

둘째, 신협 소상공인지원센터 운영은 자영업자들이 경기불황으로 어려움을 겪고 있다. 대다수의 소상공인은 큰 준비 없이 막연한 희망으로 자영업을 시작해 3년을 버티지 못하고 문을 닫는 실정이다. 이에 신협은 소상공인과 영세 사업자들이 더는 눈물로 사업을 접지 않고, 지역의 골목을 '어부바'하며 살아남을 수 있도록 신협 소상공인지원센터를 운영하고 있다. 유통구조와 소비 품목의 변화, 경기 침체, 경쟁 심화, 임차료 상승 등 다양한 요인으로 어려움을 겪고 있는 소상공인 및 영세 자영업자들에게 경영 자문, 금융지원 제공으로 판촉지원, 고금리대출대환, 정부 정책자금 연계 금융지원을 하고 있다.

셋째, 어부바 위치알리미 기기 무료보급사업은 사회의 근간을 뒤흔들

25　아래의 내용은 허영진 신협중앙회 제주지역본부장의 '뉴스N제주'의 기사를 발췌 (2021.04.30.).

만큼 충격적인 사건 사고가 근절되지 않고 계속해서 벌어지고 있다. 그래서 신협은 아이와 치매 어르신의 사건 사고 예방을 위해 어부바 위치알리미 기기를 보급하고 있으며 GPS 기반의 어부바 위치알리미 기기는 여러 응급상황에서 이용자가 보호자에게 위치와 상황을 실시간으로 전송할 수 있어 긴급 상황에 신속한 대처가 가능하도록 돕는 기기다. 위치알리미 기기 보급을 통해 실종과 범죄 등 각종 사건 사고로부터 취약계층을 지키고 서민의 안전을 어부바하고자 하는 신협의 철학을 널리 전하고 있다.

넷째, 고령 인구의 복지 문제가 심각한 사회문제로 대두되고 있다. 신협은 실버세대 조합원을 위한 효의 마음을 담아 어부바 효(孝)예탁금을 출시했다. 이 상품은 수익보다 가치를 추구하는 신협만의 특화상품이다. 이 상품에 가입하면 신협이 월 2회 전화 또는 방문을 통해 실버세대 조합원의 안부를 확인하고 그 내용을 자녀에게 문자로 통지해준다.

또한, 바쁜 자녀를 대신하여 복잡한 대형병원 진료 예약을 대행하는 등 가까이에서 실버세대 조합원의 건강을 케어하는 상품이다. 그뿐만 아니라 실버세대 조합원을 피공제자로 하는 상해사망 공제의 공제료 전액 지원 서비스를 제공하여 나이가 많아 공제 가입이 어려운 실버세대 조합원이 공제에 가입할 수 있도록 돕는다. 이는 '효'의 정신을 되새겨 사회에서 고립되기 쉬운 실버세대를 먼저 돌아보고 어르신들에게 따뜻한 등을 내미는 '평생어부바'의 가치가 그대로 담겨 있다.

다섯째, 다자녀 주거안정 지원대출은 사회문제가 된 저출산 해결과 서민 주거복지를 지원하기 위해 마련한 사업이다. 인구절벽 앞에 국가 존립 기반이 크게 흔들릴 것이라는 불안감이 우리 사회 전반을 잠식하고 있다. 심각한 사회적 문제로 대두된 저출산을 해결하기 위해 신협은 다

자녀가구의 주거복지를 지원하기 위해 다자녀주거안정지원 대출을 출시했다.

여섯째, 신협은 지역을 기반으로 하는 금융협동조합으로 고용·산업 위기 지역 특별지원사업을 한다. 소외계층을 도와 마을을 살리고, 마을을 살려 지역을 일으키고, 지역을 일으켜 나라를 부강하게 하는 것이 신협의 철학이고 이념이다. 계속되는 경기불황에 지역의 경제를 지탱하고 있는 공장들이 연이어 가동을 중단했다. 이로 인해 대규모 실직과 폐업 등이 동시다발적으로 일어나면서 많은 지역민이 좌절을 겪게 됐다. 특히 상황이 심각한 군산·거제 지역의 경제위기 상황을 타개하고자 신협은 위기 지역민들에게 먼저 따뜻한 등을 내밀고 지역이 다시 일어설 수 있도록 지원을 시작했다.

일곱째, 지역특화사업으로 전국에는 다양한 경제적 어려움을 겪고 있는 지역들이 많다. 각각의 지역들은 분명 지역을 되살릴 수 있는 보물 같은 상품들을 가지고 있지만, 이를 활성화하는 방안을 알지 못해 아직 활용하지 못하고 있는 상품들이 많다. 이에 신협은 이렇게 숨어있는 우리의 소중한 지역의 상품들을 활성화해 쇠락하는 전통을 보존하고 지역경제도 살리는 지역특화사업을 시행하고 있다.

그 첫 번째 사업으로 '전주한지'를 발굴해 한지 생산품의 판로·홍보를 지원하고 있다. 신협중앙회-전주시-전주한지사업협동조합 3자간 협약을 통해 시작된 이 사업을 통해 한지 벽지와 한지 장판지, 한지 양말 등등 다양한 상품들이 개발되어 좋은 반응을 얻고 있다. 사회공헌활동으로도 이어지고 있는 지역특화사업은 지역경제를 살리고 나아가 전통문화를 어부바하고 있다.

신협은 지역사회와 서민금융으로서 역할을 다하고자 창립 60주년을

맞이하여 대대적인 사회적금융 기관임을 선포하였으며 신용협동조합법
의 '공동유대를 바탕으로 하는 신용협동조직의 건전한 육성을 통하여 그
구성원의 경제적·사회적 지위를 향상하고 지역주민에게 금융 편의를 제
공함으로써 지역경제의 발전에 이바지함을 목적으로 한다.'라는 그 취지
를 살리는 사업을 전개하고 있다.

신협은 다양한 상품을 개발하면서 상대적 불평등을 해소하는 지역금
융으로서 역할과 공동체 회복을 우선하는 사회적금융으로서 역할에 초
점을 맞추어져 있다고 볼 수 있다. 따라서 신협의 지역사회에 헌신하는
사업을 분석해보면 사회적 보상 혹은 사회적 가치를 경제적 보상과 동등
하거나보다 우선시하는 경향을 보이며, 사회적금융은 경제적 보상보다
는 사회적 보상에 초점을 맞춰 자신들의 이념을 실천하고 있다.

특히 사회적금융의 자금거래는 지역사회의 문제해결을 위해 지역에
착근한 경제조직에 자본을 공급하는 경우와 조합에 가입된 조합원을 위
해 자본을 공급하는 경우, 사회적 목적의 실현을 위해 자본을 공급하는
경우가 대부분이다. 사회적금융은 사회적 보상 혹은 사회적 가치에 높은
보상을 추구하고 익명성보다는 면대면 접촉을 통한 관계 금융을 실천하
며, 자금의 거래범위도 지역에 국한된 지역 뿌리내린 금융이라고 할 수
있다.[26]

4) 한국신용협동조합 운동의 특징

가톨릭에서 시작한 신협운동이 당시 빈곤 극복의 대안 금융으로 떠오
른 몇 가지 중요한 특징이 발견된다.

---

[26] 남승균, 전게서, 2016.

첫째, 당시 금융조합, 농업조합 등 관치로 조직·운영되었던 협동조합과 달리 초기 지도자들의 활동 양상이 자생적으로 조직되었다는 점이다. 이는 여타 개발도상국 신협이 정부의 개발정책을 시행하거나 보조하기 위한 도구로 정부 지원 아래 생겨났다는 점과 비교할 때 협동조합의 모범으로 평가할 수 있는 대단히 중요한 특징이다.

둘째, 한국의 신협운동은 일반 금융기관처럼 불특정 대중을 대상으로 출발한 것이 아니라 서로 잘 알고 신뢰하던 선교조직이나 구휼단체, 그리고 국내 천주교 조직 등 기관단체 구성원을 중심으로 공동유대를 통해 형성된 점 또한 주목할 수 있다. 즉 '믿을 수 있는 사람끼리 상호부조하는 조합'이라는 신협의 공동유대 개념은 이렇게 처음부터 상호신뢰를 바탕으로 형성되었다.

셋째, 신협의 운영원칙이 민주주의 발전에 크게 이바지했다는 점도 매우 주목할 만한 특징이다. 신협은 태동부터 운영에 있어 주식회사의 '1주 1표'가 아닌 '1조합원 1표' 원칙을 고수해 인적 결합체로서의 특징을 강조했다. 또한, 총회를 통한 의사결정, 임원 선출 등의 과정을 통해 직접 민주주의를 실현하고 교육하는 장이 되었다.

넷째, 신협운동의 특징 중 매우 중요한 점은 신협운동이 주로 종교단체 구성원을 주축으로 태동했으나 선교활동을 앞세운 것이 아니라 '서민 대중의 가난 구제'에 무게중심을 두었다는 사실이다. 이는 향후 신협운동이 대중 속에서 빠르게 뿌리내리고 성장해가는 과정에서 그 진정성이 입증되고 있다.

다섯째, 신협의 태동은 가톨릭에서 시작하였지만, 종교운동의 폐쇄성보다는 당시 한국의 시대 상황에서 출발하다 보니 상호부조에 근거한 서민구제 방식의 공동체 운동의 특징이라고 할 있다. 따라서 다양한 형태로 확장되었으며 지역주민들의 삶과 공동체 간 유대와 상호부조까지 다양한 형태와 방식으로 확장된 특징이 있다.

여섯째, 신협운동은 조합 수, 조합원 수와 같은 양적인 지표로부터 일정한 성과를 거두었다는 것을 알 수 있고 신협은 구성원인 조합원의 생활을 안정시키고 고리대로부터 자유롭게 하는 데 중요한 역할을 하였다는 것이다.

신협은 1960년대 태동하여 현재 전국민 26.8%(1,384만 명)가 이용하는 협동조합 금융기관이며 전국에 879개의 조합에 1,676개가 영업점이 있을 정도로 지역밀착형 서민금융기관으로 성장하였다. 출발 초기 정신을 살리고자 최근 신용협동조합은 성장 위주의 정책에 따라 급속하게 성장하였지만, 서민금융으로 출발 초기 정신을 다시 살리고자 많은 사업을 추진하는 것을 알 수 있었다.

이에 따른 사회적 책임을 다하고자 조합별 맞춤 서비스를 시행하고 있는데 그 중의 서민들을 위한 착한 금융을 기반으로 다양한 사업을 펼쳐 서민들의 생활 안정에 기여하고 지역사회공동체 발전을 위해 매년 증가하는 지출현황을 볼 수 있었다. 특히 이익의 사회환원사업과 다양한 서민대출은 신용협동조합의 정신을 살리는 사업이며 다양한 서민대출에서 최근 신협은 서민·소상공인과 사회나눔 대출과 사회적경제기업 상생협력 대출 등은 매우 서민금융 본연의 목적에 맞는 모습을 보여주고 있다. 특히, 각각 독립된 조합으로부터 지역사회에 특성을 살려 다양하게 사업을 펼치고 있는 지역별 맞춤 서비스사업은 신협의 존재가치를 지역 내에서 한층 높여 준다는 시사점이 있다.

3. 가톨릭 내 신용협동조합 운동으로 공동체 실천사례

1) 한국 협동조합 운동의 메카 원주 : 밝음신협과 사회적경제 공동체

가. 밝음신협과 원주의 협동조합 운동

원주의 신용협동조합 운동은 1965년 천주교 원주교구가 설정되고 초대 교구장인 지학순 주교가 부임하게 된다. 지학순 주교는 원주에서 최초로 1966년 11월 13일 천주교인 35명과 함께 원동성당을 중심으로 원주에서 원주신용협동조합(현 원주신협과는 다름)을 설립했으며 이사장은 장일순[27] 선생님이 맡은 것이 최초라고 할 수 있다. 같은 해 문막성당에서 문막신협이 결성되었다. 1968년 원주시 단구동성당에서 단구신협이 설립되고 주문진에는 주문진신협, 영월에 삼옥신협이 설립되었다. 1969년에 삼척성당에 삼척신협이 설립되었고 1970년에는 진광학원 내에 진광신협, 관설동에 세교신협이 설립되었다.

당시 원주도 대부분의 지역과 비슷하게 고리사채로부터 농민과 소상인을 보호하고 자본주의 모순 속에서 사람답게 사는 공동체를 만들고자 시작한 신협운동이다. 물론 그 이전에 원주교구가 설정되기 전(춘천교구 시절)인 1962년 태백지역에서 장성성당에 태백신용협동조합, 철암공소에 요셉신용협동조합, 황지공소에 황지신용협동조합이 발족되었고, 이들 성당과 공소들이 원주교구가 설정되면서 교구로 편입되었음을 고려

---

27 장일순(1928~1994)은 사상가·철학자이기도 하며 가톨릭 신자였지만 불교·유학·노장사상에도 조예가 깊었다. 특히 그는 생명 사상을 주제로 한 강연을 다수 열었으며, "내 것을 만들려고 세계 당기면 내 것이 되지 않고 쏟아질 뿐"이라고 무소유를 강조했다. 그의 호가 '무위당'인 이유이기도 하다.

한다면 교구 차원에서 협동조합의 역사는 1962년이 될 것이다.[28]

지학순 주교는 부임하자마자 무위당 장일순 선생님과의 운명적인 만남이 이루어지고 지역사회 발전을 위해 교육사업과 사회활동을 펼쳤다. 지학순 주교는 진광중학교를 인수하고 학교협동조합을 만들었다. 이때 두 사람은 의기투합하여 영세상인들의 고리채를 근절하기 위해 신용협동조합을 만들었다. 1969년 지학순 주교는 진광중학교 내 '협동교육연구소'를 개소하였다. 원주의 협동조합 운동은 지학순 주교와 원주가 고향인 무위당 장일순 선생님으로부터 시작되었다고 해도 과언이 아닌 지역이다. 두 사람의 만남과 우정은 원주협동조합 운동의 주축이 되었으며 자본주의 대안으로 신용협동조합 운동을 시작했다고 한다.

장일순 선생은 1968년 원주 가톨릭센터에 협동조합 강좌를 개설했고 1969년 10월 13일에는 진광중학교에 협동교육연구소를 여는 것과 동시에 학교 정규과목에 협동조합을 포함했고 전국 최초로 학교소비조합을 만들었다. 진광학원 부설 협동조합연구소의 개소는 원주지역협동조합 운동의 기틀을 갖추는 계기가 되었다.

협동조합연구소는 학생들에게 협동교육을 실시하고 강원도 지역사회 개발에 역점을 두어 신협운동의 보급과 조직육성에 그 설립목적을 둠으로써 조직의 정체성을 협동조합 운동의 조직과 확산에 두었음을 알 수 있었다. 협동조합연구소는 이후 천주교 원주교구가 조직한 '재해대책사업위원회'와 결합하여 강원도 내 신협운동을 조직하고 교육하는 데 많은 기여를 하였다.[29] 이러한 기초 아래 1969년에 삼척신협, 1970년에 진광

---

28 김용우, 「협동조합운동과 지역사회 - 원주지역을 중심으로 -」, 원주협동경제네트워크 자료실, 2003.

29 김용우, 상게서, 2003.

〈그림 1〉 원주 밝음신협의 과거와 오늘
(출처 : 밝은신협 내부자료)

신협, 세교신협을 지원하게 된다.

1972년 신용협동조합법 제정으로 신협운동은 합법화의 길이 열렸다. 신협법의 제정은 1972년 8월 17일에 이루어졌고 원주지역에 폭우가 내린 것은 8월 19일이었다. 그해 밝음신협을 설립하였고, 남한강유역에 집중폭우가 내려 영서남부지역에 막대한 피해가 발생하여 지역사회운동 차원의 대응이 요구되었다. 신협법의 제정이 신협운동의 합법적인 활성화의 길을 열어 준 것이라고 한다면 원주지역의 폭우는 지역 협동조합 운동의 활동성이 증대되는 계기가 되었다.

당시 피해를 요약하면 1972년 8월 19일 남한강유역에 집중폭우(250mm)는 강원, 경기, 충북의 3도 13시·군 87읍면이 피해가 발생했으며 수재민 145,000명, 농경지피해 19,645정보, 주택피해 22,967동, 공공시설피해 44억 원 등이었다. 지학순주교는 근본적인 수해복구를 위해 9월에 국제 까리따스와 서독주교단에 피해 상황을 알리고 도움을 호소하여 호응하게 되었고 10월 초에는 지학순 주교가 직접 서독과 스위스를 방문하기로 되었으나 10월 17일 비상계엄 선포로 11월 26일부터 12월 22일 사이에야 방문이 이루어지게 되었다.

1973년 1월 서독주교단의 주선으로 서독정부(서독미제레올)가 240만 마르크, 국제까리따스주선으로 유럽까리따스가 51만 마르크 등 총 291만 마르크(약 3억 6천만 원)의 재원이 원주교구에 도착하였다. 천주교구는 교구사업으로 이 재정을 사용하지 않고 강원·충북의 행정관서 대표(국장급), 교육계 대표, 언론계 대표, 타종단 대표 등으로 '원주교구재해대책사업위원회'를 구성하여 지역사회개발사업으로 하였다.

이 사업에는 협동조합연구소를 중심으로 활동해 온 협동조합운동가들이 결합하였고 단순한 구휼사업이 아니라 마을 단위의 공동체 운동과 자립, 협동조합 운동을 병행하였다.[30] 위의 지원사업은 1993년까지 약 20년간 진행되는데 자금도 초기의 서독과 까리따스자금에서 2차례, 아세아인성회, 네덜란드 세베모 등으로부터 지원금을 받아 지속해서 실시되었다. 특히 1976년의 원주 원성지역수해, 1980년 영서 남부 우박피해 등 자연재해가 연속해서 발생하여 지원사업이 계속되는 계기가 되었으며 자금지원사업으로 영서 남부지역에 〈표 2〉와 같은 신용협동조합이 조직되었다.

---

30 김용우, 전게서, 2003.

〈표 2〉 신용협동조합육성사업 결과 (1975~1993)

구분	조합 수(개)	조합원 수(명)	출자금(백만원)	총자산(백만원)
농촌	31	5100	263	462
광산	15	15,800	1,425	4,568
계	46	20,900	1,688	5,033

(출처 : 김용우(2003). 협동조합운동과 지역사회 - 원주지역을 중심으로 -)

원주에서 협동조합 공동체의 맏형 격이 밝음신용협동조합이다. 한국에 879개의 조합과 1,676개의 영업점이 있지만, 오랫동안 조합원 중심의 운영과 협동조합의 원칙을 지켜내는 신용협동조합 중 대표적인 신협이 바로 밝음신협이다. 1971년 8월 25일 발기인 대회를 시작으로 8월 31일 참석자 32명과 박일송 이사장으로 창립하였다. 당시 33명의 조합원이 9,300원으로 시작하였다.

1972년 신협법이 공포되고 신협법에 의해 동년 10월 14일에 총회를 거쳐 12월 30일 재무부 장관으로부터 설립인가(인가 제4-5호)를 취득하였다. 1971년에 설립하여 올해로 설립 50주년이 되는 해이다. 33명의 조합원이 출자금 9,300원, 자산 16,000원으로 시작하였다. 2020년 말 현재로 조합원 수는 19,104명에 자산은 2,824억 원에 본점과 단관·무실·혁신 3개의 지점으로 성장하였다.

조합원의 신뢰로 똘똘 뭉친 신협으로도 잘 알려진 밝음신협은 1997년 IMF 외환위기 시절 3년간 고용감축을 단행했다. 직원을 46명에서 23명으로 줄이고 장학사업 '밝음마당' 운영도 중단할 정도로 재정 상황이 악화했다. 2005년 말까지는 배당도 중단했지만, 지역사회 복지활동으로 결속된 조합원들은 조직을 떠나지 않았다고 한다. "일부 조합원은 오히려 증좌를 하는 등 어려운 시기에도 밝음신협을 밀어주는 사람이 많았다."며 "조합원 중심에서 더 나아간 시민참가형 복지가 정말 중요하다는 걸 인식한 계기가 됐다"고 강조했다.[31]

강원도 내에는 총 39개 신협이 있고, 이중 원주지역에는 8개의 지역조합이 함께하고 있다. 강원도 전체의 신협 자산은 약 3조 4천억 원이고 이 중에서 약 50%에 약간 못 미치는 1조 5천억 원의 자산이 원주지역에 분포되어 있다. 그리고 원주 전체 인구 35만 명 중에서 약 10만여 명이 신협 조합원으로 속해있다는 점은 원주지역 신협이 지역사회에 미치는 영향력과 규모를 짐작하게 한다.

이도식 원주밝음신협 이사장은 최근 신협 원주지역평의회 회장에도 선출되면서 지역사회 발전에 앞장서고 있다. 원주밝음신협의 이도식 이사장의 언론 인터뷰에서 "서민금융을 위한 신협의 정신, 50년 동안 쭉 지켜왔습니다"라는 말은 자부심을 넘어 자긍심이 느껴지는 부분이다.[32]

원주에서 신협운동과 협동조합 운동은 원주교구와 지학순 주교와 장일순 선생의 헌신이 있었기에 가능했다. 가톨릭은 지학순 주교의 요청으로 국제 까리따스와 서독주교단의 성금을 교회에서 사용하지 않고 지역사회의 성금으로 돌린 것, 이것은 원주에서 협동조합 운동과 가톨릭의 사회사목의 정신이 그대로 발현되는 과정이었다. 또한 70년~80년대 신협운동은 자주적인 민간 협동조합운동의 길을 개척했으며 지역 내 협동조합운동의 토대를 마련하고 그 자양분이 되었다는 것과 원주지역 신용협동조합 운동이 한살림의 생협운동으로의 발전은 성과라고 평가할 수 있다.

---

31 장동영 밝음신협 상임이사 언론 인터뷰 내용.
32 이도식 원주밝음신협 이사장 언론 인터뷰. 「서민금융을 위한 신협의 정신, 50년 동안 쭉 지켜왔습니다.」, 『데일리뉴스』, 2020.05.13.

나. 밝음신협과 사회적경제 공동체

원주시 중앙동에 자리한 밝음신협 건물은 한살림, 밝음의원 등이 함께 사용하는 건물이다. 원주의 협동조합 운동은 1965년 천주교 원주교구 초대 교구장인 지학순 주교와 무위당 장일순 선생이 주축이 되어 발전하였다고 해도 과언이 아니다.

1966년 11월 13일 원동성당에서 신용협동조합을 설립하였고 1969년 10월 13일에는 진광중학교에 협동교육연구소를 개소하여 협동조합운동의 토대를 구축하였으며 1972년 원주 밝음신협 설립과 남한강 대홍수시기에는 재해대책위원회사업을 이끌면서 원주지역에 신용협동조합의 합법적인 운동과 협동조합연구소를 통해 배출한 활동가들이 대홍수를 계기로 원주지역에서 협동조합운동을 펼쳐내는 중요한 계기가 되었다.

가톨릭 원주교구를 중심으로 한 원주지역의 협동조합 운동은 농촌지역의 붕괴와 대홍수 때 지원받았던 외국 원조의 중단으로 사회개발사업의 마무리로 역할을 다한 것 같았으나 중요한 씨앗을 뿌리고 마감하였다. 그러나 1968년부터 시작한 원주지역의 신협운동이 안착되었다는 것과 소비자조합 운동이 생협 운동으로 전환되면서 도시로 확장되어 간 것은 결국 생명 운동의 전형이라고 할 수 있는 한살림의 태동을 불러왔다. 원주에서 서민금융의 중심이라면 단연 밝음신협이라고 할 수 있다. 우선 지난 3월 6일에는 신협원주지역평의회 회장으로 선출된 이도식 이사장의 당선 소감을 물어보았다.

> "신협 자체가 초창기 천주교의 정신을 이어받고 있습니다. 지학순 교구장님과 장일순 선생의 헌신적인 노력으로 역사가 시작되었습니다. – 중략 – 우리 밝음신협은 서민들을 위한 많은 봉사와 헌신을 하고 있습니다."

원주 밝음신협은 다양한 봉사활동을 전개하고 있는데, 원주협동사회 경제네트워크의 창립에 보이지 않는 역할을 하고 있으며 협동기금을 전달하기도 하였다. 이는 정기총회에서 의결된 것으로 매년 당기 순이익의 1%를 협동기금으로 출연하자는 결의에 근거하며 신협이 해나가고 있는 사회적경제 금융기반을 신협 내부에서만 하는 것이 아니라 교육, 인큐베이팅을 통해 지역사회 전체로 넓혀나가자는 의미이다. 이뿐만이 아니라 사회적경제 조직에 대한 대출이나 보증, 출자 등의 민간 금융지원을 촉진하고 원주가톨릭사회복지회, 원주YMCA 등의 복지단체, 기타 다양한 NPO 단체와 연대하고 있다.

1960년대 후반부터 박정희 정권이 공업중심, 도시중심의 정책을 펼치면서 농촌이 피폐의 길을 걷자 장일순 선생과 지역 협동조합운동가들은 새로운 협동조합 운동의 필요성을 깨닫게 되고 이에 대한 결과물로 1985년 5월 18일 한살림의 전신인 '원주소비자협동조합'을 창립하게 된다. 생산자는 소비자의 생활을, 소비자는 생산자의 생명을 책임지는 도농상생의 새로운 길, 호혜(互惠)의 길을 연 것이다. 이처럼 원주 협동조합 운동의 역사는 협동조합의 본질에 맞게 주민 삶에 대두되는 문제를 해결해온 역사라 할 수 있다. 장일순 선생께서는 협동조합을 통해 "만민이 평등하고 자유로우며 스스로 보호할 수 있는 지역사회를 만들자!"라고 말했다. 이는 협동조합을 통한 자립과 자치의 지역사회를 꿈꾼 것이다.[33]

1997년 IMF 외환위기를 겪으면서 협동조합운동이 외부적인 금융위기나 제도·환경의 변화에 흔들리지 않고 지속해서 발전하려면 협동조합

---

33 이로운넷(https://www.eroun.net), 「원주 협동조합 역사와 영웅, 무위당 장일순」, 2019.07.03.

간 협동이 필수조건이라는 것을 공감하게 된다. 이런 공감 아래 2003년 6월 5일 협동조합과 사회서비스 기관 등 8개 조직을 회원단체로 하는 원주협동조합운동협의회를 결성하게 된다. '협동과 자치, 생명의 도시를 향하여'를 슬로건으로 한 협의회는 창립 취지문을 통해 생명이 살아 숨 쉬는 녹색도시, 대안사회의 실현, 거대 자본에 대항하는 주민참여 지역경제 활성화를 위한 상호 간 긴밀한 네트워크 형성, 자연생태계와 조화를 이루는 그린 비즈니스 확대를 통한 생명 도시에 걸맞은 산업시스템 안착, 협동경제 이윤의 지역복지 개선 환원을 통한 지역공동체 건설 등을 선언하였다.[34]

2009년 7월 17일 원주협동조합운동협의회는 원주협동사회경제네트워크로 이름을 변경하면서 정관을 개정했다. 회원자격을 '협동조합 및 협동운동단체'에서 '협동조합과 공동체운동기관, 사회적기업 등'으로 확대했다. 목적 역시 '협동과 자치의 지역사회 건설'에서 '협동조합운동 등 협동(조합 등) 사회(적) 경제운동 활성화'로 변화시켰다.

각 조직이 설립된 근거를 떠나 같은 지향을 가진 다양한 조직과 사업의 형태를 활용, 대안적인 지역사회를 만들고자 한 것이다. 8개 단체로 시작한 협의회가 네트워크로 확대되면서 19개 단체가 참여했다. 이와 함께 '협동조합 간 협동'을 구호가 아닌 실천이 될 수 있도록 하는 여러 가지 작업을 진행했다. 2010년 10월 회원단체를 상대로 '사회적 경제 지표 조사'를 진행하여, 각 단체가 발전에 필요한 사항을 파악하고 네트워크 내에서 이를 엮는 작업을 시작했다.

또한, 2011년에는 '원주에 사는 즐거움 잔치, 원주 사회적경제 블록화

---

34 http://ecoview.or.kr 에코뷰, 「협동조합 40년 원주는 지금」, 2013.09.02.

사업' 심포지엄을 진행하여, 23개 단체가 '생명공동체를 위한 사회적경제 조직 협약'을 체결했다. 이 협약에서 단체들은 공동소유(지향), 민주적 운영, 인간적 사회서비스 실현, 협동을 통한 사회적 목적 구현 등을 추구하는 조직을 사회적경제조직으로 규정했다.

그리고 사회적경제조직 간 협동 정신을 바탕으로 상호 발전을 위한 시스템을 안착시킬 것과 상호 발전을 위한 시스템을 통해 각 조직의 발전을 도모하는 한편, 이를 통해 창출되는 잉여를 사회적 목적 실현에 재투자할 것, 민주주의를 바탕으로 각 조직의 주인인 조합원·회원 등의 참여 보장과 정보전달을 위해 힘쓰고 새로운 사회적경제 조직의 확대를 위해 노력할 것 등을 결의했다.

원주협동사회경제네트워크는 2013년 3월 29일 사회적협동조합 창립총회를 거쳐 5월 30일 기획재정부로부터 사회적협동조합 인가를 받았다. 원주지역 23개 사회적경제 조직이 조합원으로 참여해 협동조합 지원을 위한 협동조합을 만든 것이다.

"우리의 제일 과제는 조합원 단체 간 협업(協業) 시스템을 완성해 사회적경제 조직이 자립할 수 있는 생태계를 조성하는 것이다. 상호거래와 상호출자 등은 물론 교육과 공동의 금융기반을 조성해 조합원 단체가 독점으로 치닫는 자본주의 시장질서 안에서 자립할 수 있도록 하는 것이다. 이와 함께 협동조합 등 사회적경제 조직에 대한 지원시스템을 구축, 주민 삶에 필요한 다양한 분야에서 협동조합 등이 건설될 수 있도록 하고, 이 조직이 지속해서 발전할 수 있도록 네트워크 생태계와 연계할 계획이다." 결국 '협동조합 지역사회 건설'은 협동조합을 통해 주민의 삶과 삶터가 바뀌는 지역사회를 최종 목표로 하고 있다.

협동조합이 잘 발달한 지역의 공통적인 특징 중 하나는 협동조합 간 협동을 통해 구체적인 사업모델을 만들어 자립할 수 있는 생태계를 조성했다는 것이다. 협동조합의 본질에 맞는 협동조합 설립과 더불어 협동조합이 발전할 수 있는 필수적인 축 중 하나다.[35]

원주는 한국에서 협동조합의 메카이며 한국의 몬드라곤이라 불리고 있다. 지학순 주교와 장일순 선생이 만들었던 협동조합연구소와 협동조합 운동에 자금줄 역할과 서포터즈 역할을 했던 '밝음신협'은 협동운동을 위해 기다리고 투자하는 인내심 있는 자본으로 그 역할을 하고 있다

2) 노동자 중심의 서민지역 산곡동에 뿌리내린 미추홀신협

가. 인천신용협동조합의 시작

인천에서 신용협동조합도 중앙보다 2년 정도 늦은 1962년 3월 27일에 가톨릭 신자들 중심으로 '답동신용협동조합'이 설립된다. 1950년대 농업과 수산업 분야에서 관제 협동조합(농협협동조합)이 협동조합의 정체성을 잃어가던 시점에 가난을 극복하고 민간 주도의 자발적인 차원에서 시작하였고 이는 가톨릭교회의 사랑을 실천하는 길이라는 신념으로 추진되었다.

인천교구사 홍보실에 당시 상황을 정리한 글을 보면, "답동신용협동조합은 중앙신용협동조합의 장대익 신부의 소개로 답동본당 6대 주임 장요한(John Burke) 신부가 필요성을 공감하고 1961년 9월 21일 조직준비위원회를 구성하였다. 신용협동조합운영을 위해 장요한 버크 신부의 요청으로 '협동조합 교도봉사회'가 답동본당 신자 20~30명을 상대로 3주에 걸친 교육을 진행하였다. 이 교육을 함으로써 신성한 교회에는 돈

---

35 http://ecoview.or.kr 에코뷰, 「협동조합 40년 원주는 지금」, 2013.09.02.

거래 하는 기구를 둘 수 없다는 거센 반론을 물리치게 되었고 신자 중심
으로 조직하여 신자가 대표가 되었다.

그리하여 1962년 3월 27일 구좌수 97개에 조합원 49명이 기본금 48만
5,000환(당시 단위)으로 인천지역 최초의 신용협동조합을 발족하였다.
답동신용협동조합의 적극적인 지원과 산파 역할로 도화동신협이 1963
년 11월 21일로 설립되고 나서 박문, 송림동, 화수동, 부평2동, 주안동,
부평1동, 김포, 산곡동, 강화 등 조직이 계속 확장되었다. 인천지역의
신협운동은 인천, 부천, 김포, 강화 지역에만 한한 것이 아니라 멀리 덕
적도의 진리, 서포1리, 연평도에 이르기까지 확장되었으나 멀리 배를 타
고 다니면서 교육을 계속할 수 없었기에 안타깝게도 한 곳도 성공하지
못했다고 한다."**36**

인천지역에서는 답동주교좌 성당 후원으로 각 지역 성당에서 신협 설
립이 시작되어 총 17개의 가톨릭교회 신협이 설립되었다. 이후 개신교

〈그림 2〉 인천 답동신협의 과거와 오늘
(출처 : 답동신협 내부자료)

36 https://blog.daum.net/duaworld/12614530

회, 단체, 직장에서도 설립되었다. 현재는 지역신협이 32개 단체신협이 6개 직장신협이 8개로 확장되었으며 종교적으로 분류를 하면 가톨릭이 17개, 개신교 12개 기타 17개로 나타나고 있다. 수신금액은 4조 8,400억 원, 여신금액은 3조 3,200억 원이며 조합원 수는 약 280,000명이다. 인천도 답동성당에서 시작한 신용협동조합 운동은 현재 가톨릭교회의 영향력이 있는 신협이 모두 17개로 37% 정도를 차지하고 있다.

나. 미추홀신용협동조합 현황

인천광역시 소재 미추홀신협은 인천 부평구 산곡동 천주교회에서 1965년도에 미국인 김원선 시오(1918~2004) 신부의 후원 아래 성당 내 청년회에서 시작하였다. 그래서 미추홀신협은 설립 당시 산곡동천주교회신협이었다. 1965년 9월 23일 임의조합 창립을 조합원 34명과 출자금 4,200원으로 시작하여 1972년 10월 16일 창립총회와 1972년 12월 30일 재무부인가(인가번호 제3-7)를 받게 된다.

2009년 3월 5일 산곡신협에서 미추홀신협으로 명칭을 변경하였다. 명칭 변경은 설립 45주년을 맞이하여 인천지역의 옛 지명인 미추홀로 변경했다. 열린 금융기관으로 선포하며 100여 명의 '지역사회개발위원'을 멘토로 선정하여 지역발전을 위한 사회복지사업을 연구하고 진정성 있는 협동조합을 만들기 위하여 지혜를 모으는 위원회를 발족하였다.[37]

이후 일본강점기부터 노동자 사택이 즐비하고 부평 4공업단지가 조성되면서 공장근로자들이 대거 유입되면서 산곡동, 청천동 지역의 저소득 서민, 노동자들의 애환을 담은 유일한 금융협동조합으로 자리하게 되었

---

[37] 「[지역 금융 현장을 가다] 부평미추홀 신협」, 『경인일보』, 2009.07.22.

다. 부평공단과 대우자동차(현 한국 GM)가 있어서 주변에는 노동자들이 많이 밀집되어 있었다.

인천시 부평구 원적산 아래를 뫼골(山谷)마을이라고 부른다. 산곡·청천동 뫼골은 원도심으로 도시개발이 낙후된 지역이었다. 뫼골마을에는 예전부터 공부방과 청년회 등에서 모임과 활동을 했던 사람들이 많았다. 비정규직이나 일용직 노동자가 많은 사는 동네이다.

미추홀신협도 다른 협동조합과 마찬가지로 지역공동체에 기반하여 조합원은 물론 지역공동체의 금융적 자립과 자조를 목적으로 출발하였다. 그러나 많은 협동조합이 그들의 발전과정에서 지역민 전체보다는 조합원, 지역공동체의 발전보다는 자신의 규모와 수익증대에 더 초점을 맞추게 될 수밖에 없는 감독과 규제를 받아야 했다.

미추홀신협의 연혁을 살펴보면, 1965년 9월 23일 임의창립을 개최하였고 1972년 10월 16일 창립총회를 산곡동 천주교회에서 진행하였으며 972년 12월 30일 재무부인가(인가번호 3-7호)를 당시 인천경기지역에서

〈그림 3〉 인천 미추홀신협의 과거와 오늘
(출처 : 미추홀신협의 내부자료)

7번째로 받았다. 1980년 6월 8일 효성신협(현 계양신협)창립을 지원하였으며 1992년 9월 19일 신협 생활문화관 개관, 2014년 12월 10일 갈산삼익신협 피합병을 하였고 2021년 9월 23일이면 창립 56주년이 된다.

미추홀신협의 조합명칭 변경을 보면 설립 당시 산곡동천주교회신협에서 1985년 산곡동신협으로 변경하였고 1998년 6월 산곡신협으로 변경하였다. 산곡신협에서 2009년 3월 5일 미추홀신협으로 조합법인명칭을 변경하고 현재에 이르고 있다. 조합자산의 변동을 보면, 1965년 설립당시 4,200원에서 1990년 100억 원으로 25년 만에 100억 원을 달성하였다. 5년 후인 1995년 330억 원에서 IMF를 거치면서 2001년에는 600억 원 2010년에는 1,000억 원으로 자산이 늘었고 2020년 연말까지 2,100억 원으로 자산규모가 확대되었다. 공동유대 지역은 부평구 거주 및 거소자[38]와 서구 가좌 2, 3, 4동 거주 및 거소자로 하고 있으며 임직원 현황은 10명(이사 7명, 감사 3명), 직원 25명(간부직원 2명, 일반직원 23명)으로 되어 있고 영업사무소는 4개를 운영하고 있다.[39]

미추홀신협의 지역사회개발사업을 살펴보면 지역 어르신들을 위한 노인정개설 운영(1974~2006), 어린이집 운영(1994~2006), 청소년 독서실(1977~2002), 청소년 음악감상실(1994~2002), 조합원영화관(1994~2002, 매주 수요일 오후 7시) 등을 운영하고 있다. 또한 조합원과 인천의 서민들이 무료로 이용할 수 있는 혼례식장 운영(1994~2006, 총 870건)과 만능 편의점을 개설하는 등 이색 복지사업으로 지역사회 공헌 활동의 다양한 모델

---

[38] 거소지는 국제 사법상 준거법의 하나. 사람이 일정 기간 거주하는 장소가 속한 지역.

[39] 본점 : 부평구 산곡동, 직원 13명, 자산 800억 원, 청천지점 : 부평구 청천동, 직원 4명, 자산 350억 원, 갈산지점 : 부평구 갈산동, 직원 4명, 자산 450억 원, 백마지점 : 부평구 산곡2동, 직원 4명, 자산 500억 원.

을 제시하며 신용협동조합의 가치와 정체성을 찾는 금융기관으로 역할
을 하고자 했다.

　건강센터(헬스, 에어로빅), 취미교실(서예, 수지침, 도시텃밭 등), 주부노래
강좌(2002~현재), 동호회 운영(산악회, 걷기, 마라톤, 골프, 자전거), 지역장
학생 선발(매년 2월, 30명 지급), 불우이웃돕기(매년 11월, 100가구 지원), 조
합원 회갑연 개최(매월 70명 초청), 독감예방접종(매년 1천 명), 취약골목
방역·소독 활동(매년 6월~9월), 방범취약 골목 범죄예방 벽화그리기 사
업(사업당 7백만 원 소요, 3곳 실시), 지역아동센터 경제 멘토링 실시(2016년
~5회 연속실시, 현재 누리아동센터), 소상공인지원센터 협약으로 신규창업
자 지원사업(예비창업자 교육 12, 13회 참여)을 진행하고 있으며 조합원의료
비지원 협약으로 인천의료원, 세종병원, 힘찬병원, 연세이편한치과, 성
민병원에서 진행하였고 협동조합지원센터 운영으로 사회적협동조합 5
곳 무상임차사용(부평협동사회경제협의회, 꿈앤끼, 청앤미, 거미동사람들 등)을
지원하고 있다.

　미추홀신협은 여신과 수신에도 다른 금융기관의 다른 정량적 대출이
아니라 지역 밀착형의 정성적 대출을 진행하였다. 일반의 금융기관은
소득과 신용도 등 신용정보조회를 통한 신용등급(현재는 신용점수)에 따른
대출을 하였다면 미추홀신협은 대출 시 급여 등 개인의 경제적 능력을
평가할 수 있는 정량적인 신용 평가 항목보다 지역 관계형 금융답게 해당
고객이 지역에서 거주한 기간 및 직업에 대한 성실도, 영업 행태, 소비
성향 등 정성적 부분을 고려한 대출을 한다. 미추홀신협은 경제력을 바
탕으로 한 신용도가 다소 낮더라도 이들 평가 항목에서 높은 점수를 받는
조합원에게는 1천만 원까지 신용대출을 해주었다고 한다.

　이처럼 다른 성향 때문에 두 금융시스템은 자금거래메커니즘도 상이

한 모습을 보인다. 일반영리금융은 수익성에 초점을 맞추기 때문에 자금수요자에 대한 정성적 분석을 통한 대출보다는 익명성(匿名性)에 따라 자금거래를 신속하고 많이 할 수 있는 정량적 분석을 중시한다. 반대로 사회적금융은 상대적으로 정량적인 분석보다는 면대면(面對面)에 근거한 정량적 평가를 기초로 대출을 한다. 사회적금융은 사회적인 문제를 해결하기 위한 자금거래를 지향하기 때문에 시간은 상대적으로 오래 걸리지만, 면대면을 활용한 정성적인 방법을 채택함으로 관계형 금융을 실천한다.[40]

이처럼 같은 마을에서 가족처럼 지낸 서민과 소상공인들에게 어려울 때 손길을 건네 성공의 기회를 잡을 수 있도록 도와주어야 한다는 것은 미추홀신협만의 경영 철학이라고 할 수 있다. 미추홀신협은 서민과 소상공인들에게 단순히 돈을 빌려주는 데 그치지 않았다. 소상공인들이 사업을 성공적으로 이끌고, 서민들이 살림을 키울 수 있도록 종합 카운셀러 역할을 자임하여 빌려준 돈에 대한 신뢰의 관계형 금융을 하였다.[41]

미추홀신협은 미국인 신부의 적극적인 후원과 지도로 이에 동참하는 34인의 청년들이 신협운동의 교육을 받고 1965년도에 설립되었다. 산곡·청천지역은 도시변방의 지역적 특수사항으로 주류에서 밀려난 서민, 공장노동자 위주의 주민들로 구성되어 초창기 신협 지도자들의 열정이 새로운 협동조합을 만드는데 기초가 된 특징이 있다. 미추홀신협의 지도자들은 협동조합의 본래 정체성을 확보하기 위해 조합원 가입 시 사전교육을 철저하게 하였고 성장 위주의 경영보다는 지역주민과 함께 성장하

40 남승균. 전게서. 2016.
41 「[지역 금융 현장을 가다] 부평미추홀 신협」, 『경인일보』, 2009.07.22.

는 길을 택하였다.

지역에 소외된 이웃을 위해 70년대부터 불우이웃돕기 운동, 지역 최초 노인회관설립, 200석의 청소년독서실, 맞벌이 부부를 위한 어린이집 개관 등등 지역사회에 꼭 필요한 사업을 한 특징이 있으며 이는 지역관계형 금융의 매우 우수한 사례이다.

또한, 미추홀신협에서 신협운동을 함께한 임직원들은 인천지역의 타신협(실무책임자 8명, 직원 16명 배출)의 설립과 성장에 크게 이바지하였으며 특히, 효성신협(현, 계양신협), 산곡3동 신협(현, 인천대건 신협)을 창립하는 데 경제적 도움과 인력을 제공하여 협동조합 연대의 정신을 구현해낸 특징이 있다. 현재도 신협운동의 확산을 위해 매년 홍보 기자재 물품을 재무적으로 어려운 타 신협에 무상으로 제공하고 있다.

따라서 인천의 대표적인 미추홀신협은 노동자 서민의 중심도시에서 최근 도시개발로 옛 정취가 사라진 곳이다. 그렇지만 지역주민과 함께하려고 다양한 사업을 구상하고 있는 신협이다. 과거 신협의 확장에 모범적인 신협의 사례가 있었고 여전히 그 사업을 진행하는 신협으로, 초창기 신협운동의 정신을 많이 놓치지 않으려고 노력하는 신협 중 한 곳이다.

4. 가톨릭운동으로서 신용협동조합의 진단과 전망

1) 가톨릭교회 관점에서 신용협동조합의 진단

한국신협은 초창기부터 가톨릭의 전폭적 지지와 지원으로 성장했다고 해도 과언이 아니다. 서울 노기남 대주교와 부산 최재선 주교의 지원으로 인한 최초의 신협 설립, 1960년 전국(교구장)주교회의에서 신협 필요성 승인, (대전)교구의 사목방침에 신협 육성 명문화, 원주교구의 신협 업무를 위한 교육기구로 연구소 및 광산촌 신협 설립, 낙농업 등 지역 소득증대와 연계한 신협 설립(지정환 신부의 전북 임실치즈, 맥그린치 신부의 제주 성이시돌목장), 가톨릭농민회의 농촌 신협운동(1968년 전국본부사업으로 설정, 1972년 신협연합회와 공동으로 농촌신협지도자 연수회 개최), 천주교중앙협의회의 발간지 《사목》에 '신용협동조합' 특집 게재(1976년 5월), 《가톨릭 시보》(현 가톨릭신문)에 신협 소개, 독일 미제레올재단의 신협 연수원 건축자금 지원(1981년, 총 12억 중 약 5억) 등을 들 수 있다.[42]

전폭적 지지를 아끼지 않았던 신용협동조합은 27명에 출자금 10만 원으로 시작한 자산은 조합원 643만 명에 1,384만 명의 이용자와 879개 조합과 1,676개의 영업점에 자산 120조 원으로 성장하였다. 그러나 1990년대 천주교회 신협이 성당 밖으로 사무소를 이전하기 시작했고, 2000년대에는 상당수가 지역조합으로 전환한다.

실제로 신협중앙회 조사연구실의 2011년 말 기준 955개 신협을 대상으로 조합의 설립 및 소멸 실태조사 당시 천주교회 신협 230개 중 181개가 지역조합으로 전환(78.7%), 27개는 자체 해산 또는 피합병으로 소멸했다. 천주교회 신협이 지역으로 전환한 것은 교회 안에서 성장이 한계에 봉착해 자발적인 경우도 있지만, 일부는 평신도인 이사장이 소속 성당 신부의 지도력에서 벗어나거나(가령 이사장 선임 관련 욕심 또는 협동조합 내 민주주의 실현) 금융사고 등이 발생해 교회 밖으로 내보낸 경우도 있었다. 이로써 신협과 천주교회와의 관계는 소원해졌다고 한다.

---

42 손석조, 전게서, 2021.

그렇다면 가톨릭 공동체 내부에서 경제적 공동체를 어떤 함의가 있는가?

프란치스코 교황은 그의 회칙 「복음의 기쁨」을 통하여 가난한 이들을 그저 돕는 것에 그치지 말고 빈곤의 구조적 원인을 없애고 가난한 이들의 온전한 발전을 촉진하며, 연대하여야 한다고 가르치고 있다. 그리고 재산의 사회적 기능과 재화의 보편적 목적이 사유 재산에 앞선다는 사실을 인식하여 가난한 이들에게 속한 것을 그들에게 돌려주는 결정으로 실천하도록 촉구하고 있다(복음의 기쁨 188-189항).

또한, 가톨릭교회는 사회에 관한 교회의 가르침인 '사회교리'를 통하여 믿는 이들에게 자기 고유의 신앙 전통 안에서 깊은 성찰을 거듭하면서, 시대의 요구와 끊임없이 발전하는 사회생활에 꾸준히 부응하고자 노력하도록 초대하고 있다(간추린 사회교리 160항). 이러한 가톨릭 사회교리의 원리들이 가르침의 핵심을 이루게 되는데 그것은 은 각각 인간 존엄성의 원리, 공동선의 원리, 재화의 보편적 목적, 보조성의 원리, 연대성의 원리 등이다. 이러한 사회교리의 원리는 재화의 보편적 목적이라는 측면에서 가난한 이들이 자신을 스스로 돕고(자조), 서로 연대하여(협동) 경제정의 실천의 공동체를 이루는 협동조합 운동을 향하고 있고, 이런 이유로 우리나라는 물론 세계적으로 가톨릭교회의 지도자들을 중심으로 협동조합이 발전하게 되었다.[43]

따라서 가톨릭 내 신용협동조합이 과거 지역조합으로 전환되고 자체 해산 또는 피합병으로 소멸했었던 과정에 대한 깊은 성찰이 필요하다.

---

[43] 유영훈, 「도시빈민을 위한 가톨릭 협동조합운동인 명례방협동조합」, 『한국협동조합연구』 33권 2호, 한국협동조합학회, 2015.

그리고 다시 교회 안에서 연대와 공동체 이익을 위하여 신용협동조합에 대한 새로운 운동이 필요하다.

필요성에 대한 사례로 가톨릭 협동조합 운동은 아직도 계속되고 있으며 가톨릭 공동체 안에서 '명례방협동조합'은 도시빈민을 위한 협동조합 운동을 하고 있다. 1993년 9월 26일 설립되어 신용공동체 사회를 지향하는 "명례방 협동조합"은 설립목적에 가톨릭 신앙과 '가난한 이들을 위한 우선적 선택'의 정신에 따라, 공동체 협동조직을 통해 믿음과 애덕을 키우며 자금을 조성·이용하고, 비영리성에 따라서 경제·사회에서 우리의 처지를 높이고 공동체 의식을 도모하며 생산공동체 운동을 지원함을 우선하고 있다.

조합원 유대는 목적에 함께하는 천주교 빈민사목후원회 회원·빈민사목과 연대하는 기초공동체의 구성원과 조합 목적에 함께하는 단체와 공동체를 공동유대로 하고 있으며 사업으로 출자금의 수입과 이익배당, 조합원에 대한 신용대출, 조합 여유자금의 외부투자, 자금의 차입, 조합원을 위한 공동체교육, 생산공동체 지원사업, 명례방꿈 장학사업이 있다.

신협이 가톨릭교회 밖으로 나갔던 이유 중에 교회 안에서 성장의 한계라는 부분이 있었다면 위의 명례방협동조합운동은 여전히 교회 안에 경제적 공동체의 도움이 필요한 부분이 있다는 것을 의미한다.

라이파이젠이 뿌린 신협운동의 씨앗은 다시 가톨릭교회 지도자들(농부)에 의해 한국이라는 땅에 뿌려졌으나, 아직 나무로 자라는 중이다. 이제 한국신협은 갈수록 심화하는 우리 사회의 상대적 불평등을 해소하여 공중의 모든 새가 날아와 보금자리로 삼을 수 있는 '사회적금융, 포용금융'이라는 큰 나무로 거듭나야 한다. 이를 위해 화학비료(성장제일주의)가 아닌 성숙한 유기농 퇴비가 필요하다. 그것은 바로 탐욕이 아닌 그리

스도교의 이웃사랑(형제애)이자, 협동조합의 가치와 원칙이다(교육제일주
의를 통한 정체성 회복).

이제 우리는 신협운동 선구자들이 결코 신협운동 하나만을 목표로 하
지 않고 소비자협동조합 같은 여러 종류의 협동조합을 조직하여 하나의
협동경제권을 형성함으로써 경제적 민주주의의 확립을 통한 인간화와
복지사회의 건설을 이루고자 했다는 점을 기억해야 한다. 그리고 프란치
스코 교황의 다음과 같은 권고에 귀 기울일 필요가 있다.[44]

교황은 무관심의 세계화 속에서 가난한 이들과 소수자들이 배제된,
사람이 버려지는 지금의 경제를 '사람을 죽이는 경제'로 규정한다. 이에
프란치스코 교황은 연대를 호소한다. 자기 안에, 교회 안에 갇혀 있지
말고 세상으로 나가라고 호소한다. 그리고 '군말 없이 실천하라'고 권고
한다. 사랑과 정의를 향한 프란치스코 교황의 자비 경제는 '군말 없는
실천' 그러한 만남과 연대에서 시작된다.

한국 신협 초창기에 가톨릭교회는 교회 일부를 신협의 사무소로 내어
주면서 조기에 자립하도록 지원했다. 가톨릭 내 선구자의 신앙심과 이에
기초한 형제애, 그리고 헌신이 있었기에 현재 존재하는 신용협동조합은
가능했다고 해도 과언이 아니다. 만약 가톨릭 선구자의 신앙심과 이에
기초한 형제애와 헌신이 없었다면 신협은 단순한 금융기관으로서 영리
를 추구하는 은행과 같은 존재로 변질했거나 대형은행과 경쟁에서 밀려
아예 존재도 없이 사라졌을 것이다.

한국신협은 매년 5월에 개최 중인 고(故) 메리 가브리엘라 수녀와 고
(故) 장대익 신부의 추도식을 진행하고 있다. 형식적 행사가 아니라 선구

---

44 손석조, 전게서, 2021.

자의 정신을 되새기고 자신을 성찰하는 기회로 만들어야 한다. 또한 한국 가톨릭교회도 신협을 사회사목 실천의 도구이자 동반자로 새롭게 고민해야 한다. 과거 가톨릭교회 신협들이 대부분 지역조합으로 전환하여 비록 제도교회 밖에 있지만, 아직도 가톨릭교회 내에 교구 사제와 수도자, 산하단체 직원을 공동유대로 하는 단체 신협이 존재하고 있다. 이는 신협에 대한 가톨릭의 새로운 관점을 갖는 계기에 매우 중요한 부분이다.

한국가톨릭교회는 아직 신협의 역할에 대한 관심을 가지고 있다. 따라서 한국가톨릭교회는 신협에 대한 경제공동체의 교리로 새로운 역할을 부여해야 한다. 그리고 교회의 가르침을 내적 자양분으로 삼아 협동조합으로서 정체성을 회복하고 각종 사회문제를 해결하는 데 있어 다양한 협동조합의 조직과 연대 등 관계 회복이 필요하다.

따라서 가톨릭의 관점에서 신용협동조합은 새로운 교회 공동체의 경제공동체로서 연대가 필요하며 공유경제의 관점에서 새로운 실천이 요구된다. 공공의 생명살림과 신앙의 공공성을 실천하는 살림을 그리스도인이 실천해야 한다.

2) 사회적경제조직으로서 신용협동조합의 전망

가톨릭 내 신용협동조합은 교회를 넘어 지역조합으로 전환되었지만 그 과정에 대한 교회 안에서의 깊은 성찰이 필요하며, 다시 교회 안으로부터 연대와 공동체 이익을 위한 신용협동조합에 대한 새로운 운동이 필요한 시점이라고 앞에서 진단하였다.

그래서 가톨릭교회와 사회적경제의 관점에서 공동 운동으로 지역밀착형 금융기관인 신용협동조합의 나아갈 방향을 전망해 보고자 한다.

　최근 우리사회에서도 CSR, CSV를 넘어 ESG[45] 경영에 대한 관심이 확대되고 있다. 기업의 가치를 생산하는 CSV는 사회적경제기업 유형의 소셜벤처기업의 경제적 가치와 사회적 가치를 동시에 추구하는 기업인데, 최근에는 CSV를 넘어 환경적 측면까지 확장된 ESG 논의가 일반기업의 경영적 측면에서도 도입되고 있다.

　사회적경제에 대한 논의에서 양준호(2011)는 사회적경제조직[46]은 사회성과 사업성 그리고 혁신성의 조화를 요구받아 왔다. 기업경영에서 이윤 추구뿐만 아니라 전략적 과제로서 '사회적 가치' 추구를 통한 사회적 책임 구현과 공유가치 창출을 위한 목표를 추구하고 있는 조직이 사회적경제조직이다.

　게다가 사회적경제조직은 사회성과 혁신성까지 기업목표로 병립하여 추구하기 때문에 사업성만을 목적으로 한 기업에 비해 항상 풀어야 할 난제를 많이 가지고 있다. 사업성만을 추구하는 영리기업도 생존하기 어려운 경영환경 속에서 사회성과 함께 혁신성까지 추구하는 사회적경제 조직이 지속가능한 경영체로 존재하기 위해서는 지역과 시민사회의 관심과 참여가 필수적이다.

　그리고 제4차산업혁명의 시대에 가장 적합한 경영체인 사회적경제조

45　ESG 'Environment' 'Social' 'Governance'의 머리글자를 딴 단어로 기업 활동에 친환경, 사회적 책임 경영, 지배구조 개선 등 투명 경영을 고려해야 지속 가능한 발전을 할 수 있다는 철학을 담고 있다. ESG는 개별 기업을 넘어 자본시장과 한 국가의 성패를 가를 키워드로 부상.(매경닷컴)

46　사회적경제조직(기업)은 불평등, 빈부격차, 환경파괴사회문제를 해결하고 사회혁신을 추구함으로써, 공동체 구성원 모두의 행복을 우선하며 사회적 가치를 추구하는 경제 활동을 하는 기업(또는 조직)이다.사회적경제기업에는 사회적기업, 협동조합, 자활기업, 마을기업, 소셜벤처가 있다.(위키백과)

직은 이윤 극대화뿐만 아니라 사회적 가치의 실현을 목적으로 하기에 반드시 사회적경제조직이 지속가능한 경영체가 될 수 있도록 지원할 필요가 있다. 이러한 측면에서 신용협동조합의 철학 및 이념[47] 등을 살펴보면 위에서 언급한 부분과 매우 정합적인 방향을 가지고 있는 것을 확인할 수 있다.

지역 내에서 사회적경제조직의 성장을 위해서는 금융지원이 매우 중요하다. 사회적경제조직에 포함할 것인지에 대한 논의가 진행되고 있는 신협 또한 당연히 사회적경제조직에 포함해 일정 역할을 부여하고, 함께 지역발전이라는 목표를 달성하는 데 금융지원을 해야 한다.

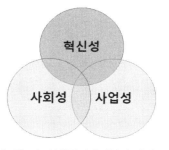

⟨그림 4⟩ 사회적경제기업의 과제   ⟨그림 5⟩ 금융협동조합의 과제

신협은 복지사회건설이라는 지상목표와 자조, 자립, 협동의 정신으로 잘 살기 위한 경제운동, 사회를 밝힐 교육운동, 더불어 사는 윤리운동

47 복지사회건설로서 기본적 가치와 윤리적 가치가 있으며 기본적 가치는 자조, 단결, 공평, 평등, 민주, 자기책임이 있고 윤리적 가치에는 타인에 대한 배려, 사회적 책임, 정직, 공개가 있다. 신협운동의 3대 정신은 자조, 자립, 협동이며 실천과제는 잘 살기 위한 경제운동, 사회를 밝힐 교육운동, 더불어 사는 윤리운동이다.

등의 실천과제를 내세우고 있어 사회적경제조직의 CSV[48]를 넘어 이미 ESG경영을 목표로 경영하고 있는 자생적 금융협동조합이다. 그리고 신협은 사업성, 사회성과 혁신성이라는 과제와 함께 금융회사로서 안정성과 효율성뿐 아니라, 서민의 금융지원이라는 과제도 함께 지니고 있다.

김태훈 외(2020) 연구논문을 검토하면 서민금융기관으로 역할을 실천해야 할 신용협동조합은 경기변동에 매우 탄력적인 대출 즉, 순응하는 대출을 하고 있다. 신협이 협동조합 금융이며 사회적금융으로 역할을

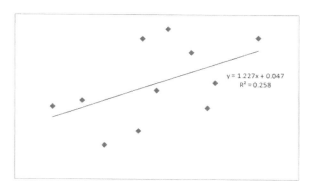

〈그림 6〉 인천신협의 대출패턴과 인천지역경기변동 비교
(출처 : 김태훈 외, 2020)

---

48 CSV, 기업이 수익 창출 이후에 사회 공헌 활동을 하는 것이 아니라 기업 활동 자체가 사회적 가치를 창출하면서 동시에 경제적 수익을 추구할 수 있는 방향으로 이루어지는 행위를 말한다. 기업의 경쟁력과 주변 공동체의 번영이 상호 의존적이라는 인식에 기반을 두고 있다. 하버드대 경영학과 마이클 유진 포터 교수가 2011년 『하버드 비즈니스 리뷰』에서 CSV 개념을 발표했다. 경영의 대가 필립 코들러는 자신의 저서 『마켓 3.0』에서 "소비자의 이성에 호소하던 1.0의 시대와 감성·공감에 호소하던 2.0의 시대에서, 소비자의 영혼에 호소하는 3.0의 시대가 도래하였다"라고 주장하며 CSV를 바탕으로 한 미래 시장의 경영 전략을 제안했다. 앞으로는 소비자의 가치, 기업의 가치, 사회적으로 필요한 가치가 상호 조화를 이루는 기업가 정신이 요구된다는 것이다. (출처 트랜드지식사전)

하려면 경기가 하강할 때 대출을 풀고 경기 상승할 때는 대출을 축소해 경기변동의 진폭을 축소해야 한다.

금융협동조합이 발달된 스페인의 몬드라곤 인민은행은 경기변동과 역행하는 대출을 제공해 경기변동의 폭을 축소해 지역경제를 안정시키고 있어 지역 내 경기 안정을 보여준 실증 사례이다. 그러나 한국의 신협과 상호금융회사들은 경기에 순응하는 대출을 통해 경기진폭을 더욱 확대하는 모습을 보여왔다.

인천의 상호금융권은 수도권 특히 서울에 종속된 모습을 보여줌으로써 지역 속의 금융협동조합의 모습을 잃고 있다. 인천은 서울과 수도권이라는 대규모 산업단지와 소비시장을 배후에 두고 있어 40% 이상의 이출현상을 보이면서 종속되는 모습마저 나타나고 있다.

지역경제를 활성화하는 다양한 정책과 방법론이 있겠지만 본 글에서는 금융의 관점과 내발적 발전의 관점에서 지역경제 활성화를 논의하였다. 서민금융기관으로 출발한 신협은 일반시중은행과 차별화 전략으로 지역에 밀착형 공동체 금융의 역할을 자임해야 한다. 인천이라는 지역 내 인적물적 자원을 활용하면서 신협과 같은 서민금융기관이 조성한 자금을 지역 내 순환 경제를 위하여 사용하여야 한다.

초기 신협은 지역의 서민을 지원하는 금융기관으로 성장과 확장을 거듭하였다. 그러나 일부신협의 내부관리시스템 부족과 대출 투명성 부족, 자산 성장 위주의 경영으로 인해 지역 사회개발의 퇴보, 신입조합원 교육 중단에 따른 조합원의 주인의식 부족 등이 원인이 되어, 1997년 IMF 경제위기 시 금융구조조정이 이루어졌고 기획재정부에서 금융위원회로 감독권한이 이관되면서 규제와 함께 급격히 상업은행화되었다.[49]

감독권한의 이관은 재무 건전성 확보와 부실 예방을 중심에 두고 금융기관의 역할에 관심을 두는 관리감독적 시각과 성과 중심적 시각으로 금융협동조합을 보게 되는 결과를 낳았다. 이는 대부분의 신협 구성원들에게 내부혼란을 가져왔고 '협동조합 자율성' 즉, 협동조합으로서의 특성을 상실하게 되었으며, 서민금융기관의 가치와 원칙에 의한 경영이 어려워지게 된 까닭이다.

IMF 금융위기 당시 금융 세계화에 대비한 안정성과 효율성 중심의 정책으로 지방은행과 지역상호금융의 정리, 폐업, 통합이 이루어짐으로써 서민금융기관의 역할은 축소될 수밖에 없었다. 정량지표인 재무제표를 토대로 한 상업은행과 동일한 규제로 상호금융회의사의 신용대출은 급감했고 자산기반(부동산)을 중심으로 한 대출을 증대시키는 결과를 가져와 담보력 없는 소상공인에게는 자금지원이 되지 않았다. 이 결과 금융기관의 효율성 상승을 통한 영업이익 상승은 여신 패턴의 변화를 가져

〈그림 7〉 악순환의 고리

---

49   유영우, 「신협에서 희망찾기」, 협동조합네트워크, 2018.

왔으며, 경기순행적 여신정책의 시행으로 호황과 불황의 골을 깊게 만들어 경기변동을 심하게 증폭시키는 결과를 가져왔다.

반면 대부분의 신협은 정체성 확보와 지역사회로부터 믿음과 신뢰를 회복하기 위해 지역사회 밀착형 관계금융을 강조하였고 지역사회 발전에 기여를 통한 우호적 세력의 확보와 진성 조합원 확보를 위해 노력하고 있었다. 또한 사회적 소통과 교류를 적극적으로 추진하며 조합의 변화를 통해 명분을 획득하고 국민적 지지와 신뢰를 회복하는 데 적극적인 노력을 진행해 왔다.

인천에서 단위신협의 대표적인 사례로서 산곡신협(현 미추홀신협)을 들 수 있다. 산곡동천주교회에서 시작된 미추홀신협(구 산곡신협)은 인천 46개 신협 중에서도 신협운동을 선두에서 이끌어온 신협 중 하나이다. 양적성장보다는 조합원과의 관계 형성과 지역에 봉사하는 신협으로서 지역의 지지를 모아내고 있다.

노인정개설, 어린이집 운영, 청소년 독서실, 결혼식장, 건강센터 등 지역에 필요한 장을 마련하고 조합원과 지역민이 모일 수 있는 중심공간

〈그림 8〉 신협운동 중심의 신협사례 (미추홀신협)

의 역할을 해 온 신협이다. 현재는 협동조합 지원센터를 통해 사회적협동조합 5곳을 무상임대를 지원하고 있는 등 사회적경제기업들과의 유대를 통해 지역문제를 해소하는 데 도움을 주고 있다.

또한 동암신협은 신협사회공헌재단과 함께 소상공인을 위한 사업 '어부바플랜', 취약계층의 주거공간 개선을 위한 '행복한집 프로젝트', 차상위계층 어린이를 위한 '신협 원어민영어교실', 지역아동센터와 함께 경제교육을 진행하는 '신협어부바멘토링', 동암중학교 학생들에게 경제교육을 진행하는 '1사 1교 경제교실', 취약계층에 침구세트를 제공하는 '온세상나눔캠페인', 코로나 19로 힘든 자영업자에게 방역물품을 제공하는 '어부바박스', '연탄봉사', '쌀후원' 등의 사업을 진행하고 있다.

2021년 5월부터는 십정2동 행정복지센터와 함께 '출생축하금' 지원 등을 통해 지역과 상생하기 위해 노력하고 있다. 이렇게 단위 신협별 다양한 활동뿐 아니라 과거와는 달리 '인천사회적경제네트워크'와 지역별 사회적경제네트워크에 참여하여 인천 내 신협에 대한 사회적경제조직 속에서의 역할 중 일부분을 담당하려는 노력을 함께 하고 있다.

신협중앙회 차원에서는 2017년 12월 '신협의 사회적금융 역할 강화방안' 국회 토론회를 통해 사회적금융기관으로서의 역할과 방안을 모색하고 있으며, 사회적 가치와 사회적 책임에 대한 일정부분을 담당함으로써 타 금융기관과의 차별성을 가지려 하고 있다. 이는 서민금융과 관계금융의 역할뿐 아닌 사회적 가치와 공익적 목적의 실현을 통해 사회적경제와 협동과 연대를 통해 지역발전에 도움을 주려는 목적이다.

앞으로 지역사회를 거점으로 관계금융을 해온 신협의 강점을 살려 기금조성, 출자와 투자, 대출 등을 통해 미국의 CDCU와 같은 지역개발금융의 역할을 모색할 필요가 있다. 즉 사회적 투자 등 사회적금융의 다양

<그림 9> 신협의 사회적금융 역할 강화 방안

한 영역으로 신협의 역할과 사회적 확장, 지역재생과 지역경제 활성화를 통해 사회적 가치 실현, 지역사회와 더불어 상생 발전하는 새로운 경영 방식을 모색해야 한다.

따라서 상호금융은 지역개발과 내발적발전의 관점에서는 "애증" 관계에 있다. 특히 신협이 가톨릭 신부와 수녀님을 통해 시작되었고 지금도 성당 교우들 중심의 단체 신협이 활동하고 있다. 비록 현재 지역 신협의 모습을 하고 있지만, 가톨릭교회에서 출발해 지역 신협의 모습을 하고 있기에 신협은 본질에 있어 선한 모습을 가지고 있다.

그러나 수익성과 부실 감축 중심의 규제는 최초 신협의 본질을 잃어버리게 했고 점차 가톨릭교회와의 거리를 두게 되었으며, 사회적경제조직이면서도 또한 큰 역할을 해야 할 구성원이면서도 외면받는 존재가 되어 왔다. 그러나 타 상호금융회사에 비하여 신협은 아직 '신협운동'을 추구하는 운영자들이 다수를 차지하고 있고 장학금부터 다양한 활동을 통해 지역에 환원하고 지역에 밀착하고자 하는 노력을 하고 있다.

내발적 발전과 지역경제 활성화를 위한 지역금융의 지원역할은 반드시 필요하며, 그 대표적인 금융기관이 신협이다. 신협이 좀 더 관심을 가지고 민주적 운영을 하도록 감독하고 지역을 위한 활동을 할 수 있도록 독려하는 지역주민들의 관심과 참여가 필요하다. 협동조합 등 사회적경제기업에 있는 사람과 조직이 사업성과 사회성, 그리고 혁신성의 균형을 맞추어 가는데 동반자 역할을 해야 한다.

신협은 사회적경제기업의 사람과 조직을 서포터하면서 지역발전을 도모하는 것, 이것이 바로 신협의 새로운 방향이며, 신협 초기 공동체 정신을 되찾는 과정이다. 총회에 적극적으로 참가해서 지역을 위한 비용을 증대토록 요구해야 한다. 결국 수익보다는 지역을 위한 지출에 관심을 가질 수 있는 금융협동조합으로 만들 수 있는 것은 우리의 참여와 관심뿐이다.

가톨릭교회의 사회교리원리가 재화의 보편적 목적인 가난한 이들이 자신을 스스로 돕고(자조), 서로 연대하여(협동) 경제정의 실천의 공동체를 이루는 협동조합 운동을 향하고 있다. 가톨릭의 협동운동과 신협운동의 3대 정신인 자조·자립·협동은 매우 정합적이다. 사회적경제의 3대 특징으로 혁신성·사회성·사업성에서 사회성은 협동의 가치이고, 사업성은 자립의 정신이며, 혁신성은 자조의 정신과 맥을 같이하고 있다.

가톨릭교회의 사회교리 관점에서 신용협동조합 운동이 재정립되기를 기대하며, 나아가 신협과 사회적경제조직의 연대와 협력으로 지역 내 새로운 경제공동체 운동의 활로가 만들어지기를 기대해 본다. 따라서 사회로부터 이탈한 시장경제를 꼭 끌어안는 거대한 전환의 공동체 회복 운동이 필요한 때이다.

5. 결론을 대신하며

가톨릭으로부터 시작한 한국 신용협동조합 운동을 통하여 지역사회의 공동체 회복력에 대해 연구를 하였다. 연구의 방법론으로 칼 폴라니의 공동체로부터 일탈했던 자본주의 경제영역을 포용하는 사회적금융으로서 신용협동조합을 실증하려 했다. 나아가 가톨릭교회가 다시 신용협동조합을 공동체 내 경제공동체로 수용해 선구자들이 신앙심과 형제애에 기초한 교회의 가르침을 자양분으로 신용협동조합을 설립한 것에 더해 새로운 역할을 부여하는 것이 가치가 있다는 것을 도출하고자 하였다

신용협동조합은 2014년 10월 개별 신협 및 중앙회, 그리고 임직원의 기부금을 재원으로 창립한 '사회적협동조합 신협사회공헌재단'은 기존의 복지사업 외에 그동안 정부의 규제로 인해 개별 신협 차원에서 시행하기 어려웠던 사업 등을 다양하게 추진했다. 신협중앙회는 2015년 유엔에서 정한 지속 가능한 발전목표(SDGs)의 슬로건인 '어느 누구도 소외되지 않는' 포용적 금융을 추진하려고 기존 사회공헌팀 외에 별도의 전담조직으로 사회적경제추진지원반(2017), 지역특화협동조합지원반(2018)을 신설하고, 이를 확대하고 아우르는 사회적경제부를 신설운영(2019년 시행)하였다.

창립 60주년을 맞은 신협은 한국사회가 당면한 여러 사회문제를 해결하기 위해 취약계층과 서민을 위한 '7대 포용금융 프로젝트'를 시행하면서 사회적금융기관으로서 역할을 분명히 하였다. 이러한 사업을 통하여 경제적 어려움으로부터 파괴되어가는 공동체를 복원하여 자본주의 시장경제의 핵심인 금융기관으로부터 관계형 금융의 복원과 사회적금융을 시행하여 일탈하여 가는 경제를 다시 공동체 안으로 포용하는 포용금융

으로 역할로 전환하고 있다.

1997년 IMF구제금융 위기, 2008년 국제금융위기, 이제는 2020년 초부터 시작된 코로나 19 전염병의 창궐로 서민들이 극단적 위기로 내몰리고 있다. 이런 까닭에 금융환경변화는 일반 금융기관은 물론이며 협동조합 금융기관에도 규제강화와 저금리, 저수익의 경제환경에 따른 대규모 금융구조 개혁을 수반한다.

금융개혁의 방향은 중앙조직의 개편과 지역단위 은행, 협동조합들의 통폐합으로 연결되어 중앙조직의 힘이 강화되고 위험을 분산하는 방식으로 개별 지역조합들의 건전성을 관리라는 이름으로 새로운 사업으로의 진출을 꾀하게 된다. 이는 지역사회에 서비스는 제공하지만, 개별조합의 독립성과 개성이 큰 특징인 금융협동조합들이 일반은행의 지점화가 될 가능성이 커진다는 의미이다. 금융협동조합들의 구조 개혁이란 결국 다른 일반은행들과 비슷해지는 결과를 가져올 수 있고 그로 인해 신용협동조합과 같은 금융협동조합들의 정체성이 점차 희미해질 수 있다는 것이다.

신협은 1960년대부터 현재까지 만만치 않은 경쟁 환경 속에서도 자본주의 상업은행과 다른 유전자를 지닌 사회적금융기관이란 점을 분명하게 추구해 왔다. 극소수의 오너와 대주주들의 이윤추구에 급급한 일반은행들과 달리 금융수단을 통해 더욱 공평하고 민주적으로 번창하는 사회를 만들어 가는 데 기여하고 긍정적인 사회변화의 추동자로서 신협의 역할을 하고 있음을 뜻한다.

신협은 현재 금융협동조합 또는 협동조합금융기관이다. 주민들의 금융편의를 제공해주는 금융 중개 기관 기능을 넘어 직업능력개발 및 취업알선, 창업지원 등 지역사회에 거주한 이웃들의 소득증대 및 삶의 질 개선을 위해 다양한 방식과 형태의 서비스를 제공해주는 사회적금융기관으로서의 역할과 지역금융 허브 또는 관계형 금융기관의 역할을 수행해 왔다.

가톨릭 중심의 신용협동조합 운동을 서술했지만, 결론에서 가톨릭교회를 통해 괄목상대의 성장을 한 한국신협에 대한 몇 가지 제언을 하고자 한다.

첫째, 신협은 조합원, 직원, 임원과 일반인들에게 적극적으로 신협의 경제, 사회, 민주주의, 상호 자조의 교육을 지속해야 한다. 절약과 적절한 신용이용의 권장은 물론 조합원들의 권리와 책임을 교육하는 것이다. 이러한 교육은 사회적이면서 동시에 경제적 성격을 내포하고 있으며 신협이 조합원들의 필요에 부응하는 것이다.

둘째, 협동조합 선구자들의 이상과 신념을 본받으면서 신협은 인간과 사회의 발전을 추구한다. 신협의 사회적 책임성은 조합원은 물론 그들이 사는 지역사회까지 확장된다고 할 수 있다. 신협을 필요로 하는 모든 이에게 서비스가 제공되어야 하며 신협의 의사결정은 폭넓은 지역사회의 이해관계를 총체적으로 고려하여야 한다.

셋째, 신협이 새롭게 펼쳐나갈 수 있는 사업의 방향은 고령 인구와 보건의료 그리고 이주민들을 위한 커뮤니티 문제이다. 저금리 등 어려움에 직면하고 있는 신협의 입장에서 계속 증가하는 고령 인구를 고려한 고령화 관련 산업 및 시장에 다변화 전략을 수립할 필요가 있다. 고령 인구와 보건의료가 합쳐진 요양시설의 투자는 향후 요양시설의 부족을 대처하는 사업이며 나아가 고령화되는 지역조합원들에게 적절한 요양시설의 제공도 고려해 볼 수 있다. 취업이나 결혼으로 한국에 이주한 이주민들을 위한 금융서비스를 제공하는 것은 신협이 사회적 책임을 다하는 것이라 할 수 있다.

넷째, 신협이 사회적금융기관으로 역할을 넘어 지역 내 사회적경제 조직이나 정체된 협동조합을 발굴하고 지원해야 한다. 신협은 끊임없이 변화를 수용하고 새로운 변화를 만들어 가야 한다. 변화에 적응하면서 새로운 관계와 네트워크를 만들고 이를 통해 생명력을 높이며 성장하여 야 한다. 따라서 지역 내 발굴과 지원을 통하여 찾아오는 금융이 아니라 찾아가는 금융으로 거듭나고 지역 내 건강한 경제공동체의 네트워크를 구축해야 한다.

다섯째, 어려울수록 조합원의 입장에서 운영하는 협동조합 정신으로 재무장해야 한다. 코로나 19는 그 옥석을 가리는 기회가 될 것이다. 신협 은 팬데믹 기간에 조합원들을 단순히 옆에서 지켜보는 "방관자"가 아니 라 같이 위기를 넘어가는 "동반자" 역할을 해야 한다. 조합원이 현재 고 통받는 경제적·재무적 고통은 쉽사리 사라지지 않고 상당한 기간 지속 할 것이다. 신협은 철저하게 대비해야 하며 단기자금 지원은 물론이고 각자 처한 사정에 따른 맞춤형 지원이 필요하다. 신협이 조합원 중심으 로 사고하고 운영하고 있다는 것을 각인 시켜 내야 한다.

한국의 신용협동조합은 가톨릭교회로부터 출발하였고 서민들의 어려 움을 해결하고 자립하는 경제적 삶을 지원하고자 만들어진 민간차원의 협동조합 운동이다. 금융협동조합의 지역사회에 나타나는 공동체 복원 의 사례로 원주의 밝음신협과 인천의 미추홀신협을 통해 실천적 사례를 을 검토하였다. 조합원을 중심으로 운영하며 고집스러울 정도로 정량적 대출뿐만 아니라 정성적 대출을 지향하며 어려움에 대한 보상이 아니라 협동과 협력으로 지속적인 성장을 하는 과정을 고찰하였다.

세계금융위기에 주목받은 지역의 특징은 탄탄한 사회적경제 조직과

협동조합 교육을 통한 협동의 사회적 원리와 사회적경제 조직의 지속가
능성을 담보하고 있었다. 그리고 사회문제 해결의 비즈니스 모델을 지원
하는 든든한 사회적금융조직이 발달해 있으며 종교적 기반의 사회적 자
본을 토대로 작동된다는 것이다.

한국사회의 도시회복력 연구도 위의 지역 사례를 적극적 검토하고 칼
폴라니의 대안으로 이탈한 자본주의 시장경제를 다시 사회적 영역의 공
동체가 포용하는 방법은 도시회복력 연구에 함의하는 바가 크다. 따라서
가톨릭교회는 지역 내 사회적 자본을 확장하는 데 보다 적극적인 역할을
해야 하며 신용협동조합 초창기 운동의 관점을 다시 교회 안으로 가져가
서 공유 개념의 경제공동체 운동을 지향해야 한다.

신협은 금융위기로 주목받은 세 지역의 사회적금융 기관의 역할을 넘
어 지역사회에 협동조합 교육에 대한 공익적 투자를 해야 한다. 그리고
이를 통하여 조합원과 공동체를 지향하는 사람들에게 협동조합의 원리
에 대한 교육과 민주주의 교육을 신용협동조합과 협동조합 간 연대를
통하여 구축해 내야 한다.

지역 내 협동조합 등 사회적경제 조직은 끈끈한 네트워크를 구축하여
내발적 발전론의 관점에서 연대하고 협동하여 지역 내 선순환경제의 주
체 역할을 해야 한다. 따라서 경제적 가치가 우선하는 사회가 아니라 공
동체 가치, 사회적 가치가 우선하는 사회를 만들어 내는 과정의 정책적
제도적 투쟁을 통하여 확장해야 한다.

끝으로 신협은 협동조합 금융기관이며 사회적금융으로서 역할과 지역
내 협동경제공동체조직의 허브 역할을 자임하는 금융기관으로 거듭나기
를 염원해 본다.

【 머리말 】 _ 원재연

신진식, 「한살림의 살림운동 역사와 전망 : 한살림협동조합을 중심으로」, 『살림과
    돌봄의 공동체, 사상과 실천』, 보고사, 2020.
위키백과 「그린뉴딜」 https://ko.wikipedia.org/wiki/
인천대학교 인천학연구원 편, 「인천의 내발적 공동체 기반 도시회복력 연구」,
    2019년도 '인문사회연구소지원사업' 발표 자료(문제해결형1), 2019.08.14.
양윤지, 「팬데믹 속에서 비로소 보이는 것들」[3040칼럼], 『인천일보』, 2021.08.12.
장기풍, 「형제애와 사회적 우애에 관한 회칙 '모든 형제들' 내용 요약」, 2020.10.6.
    〈가톨릭뉴스 지금여기 http://www.catholicnews.co.kr〉
정성훈·원재연·남승균, 『협동과 포용의 살림공동체 : 이론, 역사, 인천사례』, 보
    고사, 2019.
황인철, 「2050년, 희년을 맞이할 수 있을까 : '찬미받으소서' 특별기념의 해 선포」
    『가톨릭평론』 Vol.28, 우리신학연구소, 2020.

【1장 _ 가톨릭 사회교리와 인천의 살림공동체 : 재난 예방·극복 및 공동체 회복력
  제고를 중심으로】 _ 원재연

「이용훈 주교에게 듣는 신앙과 경제(113) 신협이 만든 기적」, 『가톨릭신문』, 가톨
    릭신문사, 2013.10.20.
「현대세계의 사목헌장, 비그리스도교에 대한 선언」, 『제2차 바티칸공의회 문헌해
    설총서』 1, 성바오로출판사, 1988.
「협동조합」, 『한국민족문화대백과사전』, 한국학중앙연구원.

『찬미받으소서 7년 여정(2021.5.24.~2028.5.23.)』, 천주교 인천교구, 2021.

교황청 정의평화위원회 편, 한국천주교주교회의 역, 『간추린 사회교리』(2013년 개정판), 한국천주교중앙협의회, 2004.

교황청 편, 가톨릭대학 교리사목연구소·주교회의 교리교육위원회 역, 『가톨릭 교회 교리서』 제3·4편, 한국천주교중앙협의회, 1992(1996년판).

변갑선, 「한국 가톨릭 교회와 신용협동조합운동」, 『한국 가톨릭 문화활동과 교회사』, 한국교회사연구소, 1991.

손석조, 「한국 신용협동조합과 천주교회」, 『가톨릭평론』 제19호, 2019.

오스트리아 주교회의 저, 최용호 옮김, 『YOUCAT』(한국어판 가톨릭청년교리서), 가톨릭출판사, 2012.

이용훈, 『정의의 느티나무 숲을 이루기 위하여 - 가난 실천과 그리스도인의 실존 -』, 가톨릭출판사, 2005.

주교회의 한국가톨릭사목연구소 편, 「한국천주교주교회의 대사회문헌, 1948-2018」, 『더 나은 세상을 위하여』, 2019.

최열, 「한국의 환경운동과 천주교회의 환경운동」, 『한국 천주교회사의 성찰』, 한국교회사연구소, 2000.

【2장 _ 천주교 인천교구 노동운동과 지역공동체】 _ 한상욱

「매일노동뉴스」, 2001.05.30.

「민주화운동기념사업회 사료」, 등록번호 68203

「인천 교구청 공문」, 1987.02.04.

「인천교구 정의평화위원회 회의록」, 정평.

「인천교구 정의평화위원회」, 정의평화 제7호 」,1987.06.01.

「인천교구정의평화위원회 공문」, 87-10호 87-2호.

「인천주보」, 1979-89.

「천주교 인천교구 사목국 보고자료」 "사제단 단식기도 결산보고서", 1987.12.29.

「천주교정의구현사제단 상임위 회의록」, 1987.01.19

『가톨릭 신문』, 1968.01.21.

『중앙일보』, 1968.01.13.

『한겨레신문』, 2013.06.02.

『한국일보』, 1968.01.21

『한국일보』, 2021.03.25.

가톨릭노동청년회, 「강화도 천주교도 고용 거부사건 진상보고서」, 1968.

_____, 성찬성 역, 『죠셉 까르딘, 삶과 마주친 청년노동자』, 1982.

기쁨과 희망 연구소, 『암흑속의 횃불』 제1권, 1996.

로저 오베르 외, 『조셉 까르뎅 : 노동청년의 벗』, 가톨릭출판사, 1990.

명동천주교회, 『한국가톨릭 인권운동사』, 명동천주교회, 1984.

부평노동사목, 『부평노동사목 20주년사』, 1997.

서울대교구 노동사목위원회, 『서울대교구노동사목 50년사』, 2008.

오기백, 「죠셉 까르딘, 오늘을 위한 모범」, 『부평노동사목 20주년 기념 자료집』, 1997.

장숙경, 「한국 개신교의 산업선교와 정교유착」, 성균관대학교 박사학위논문, 2009.

정병도, 「까르뎅 사상과 한국 JOC 연구」, 가톨릭신학대학교 석사학위논문, 1988.

천주교 답동교회, 『답동 대성당 100년사』, 한국교회사연구소, 1989.

한국 교회사연구소 편, 『인천교구 25주년』, 인천교구사 자료사 편찬위, 1986.

한상욱, 「한국 가톨릭 노동운동 연구(1958-95)」, 성공회대학교 박사논문, 2017.

【3장 _ 환경회복과 상생공동체 건설을 위한 실천적 대안 : 가톨릭 환경연대 활동을 중심으로】 _ 권창식

「가톨릭환경연대 연혁」 www.cen.or.kr 가톨릭환경연대 홈페이지, 2019.

「농어촌, 환경사목 의안」, 제1차 인천교구 대의원 회의 최종문서, 2000.

「인천교구 가톨릭환경연대의 활동과 역사」, 유영훈 신부, 2002.

「환경사목부와 가톨릭 환경연대 통합 방향 모색」, 인천교구 환경사목부, 김윤석
　　　신부, 2013.
「교황 바오로 6세의 담화(세계 환경보호의 날에 즈음한 교황 메시지, 1977)」 관련
　　　항목 전문.
「교황 베네딕토 16세의 담화(2010) 제43차 세계 평화의 날 담화, 평화를 이루려면
　　　피조물을 보호하십시오.」 관련항목 : 전문(全文).
「교황 요한 바오로 2세의 세계 평화의 날 담화(1990) '생태계의 위기 : 공동 책임
　　　- 창조주 하느님과 함께 하는 평화, 모든 피조물과 함께 하는 평화」 관련
　　　항목 : 전문(全文).
「인천민간단체 총람」, 가톨릭환경연대, 2000.
「제2차 바티칸 공의회 문헌(1965) 현대 세계의 교회에 관한 사목헌장 '기쁨과 희망'
　　　(Gaudium et Spes)」 관련항목 9, 12-15, 33-37, 39, 57, 63, 69항.
「하늘땅물벗 길잡이」, 천주교 서울대교구 하늘땅물벗, 가톨릭출판사, 2017.

강우일, 「창조질서 회복을 위한 우리의 책임과 실천」, 한국천주교 주교회의 정의평
　　　화위원회 환경소위원회, 2010.
＿＿＿, 「환경에 관한 교회의 가르침」, 주교회의 정의평화위원회 환경소위원회,
　　　한국천주교중앙협의회, 2012.
구도완, 『한국환경운동의 사회학』, 문학과지성사, 1996.
권창식 공저, 「하느님을 배우는 학교 - 지구, 환경」, 인천교구 환경사목위원회/가
　　　톨릭환경연대, 장동훈 신부, 2012.
이용훈, 「찬미받으소서 '공동의 집을 돌보는 것에 관한 회칙'〈개정판〉」, 한국천주
　　　교주교회의, 2015.
최창무, 「간추린 사회교리 제10장 환경보호」, 한국천주교중앙협의회, 2005.
토머스 베리, 황종렬 옮김, 『그리스도교의 미래와 지구의 운명』, 바오로딸, 2011.

A.P. & A.H. 휘터만, 홍성광 옮김, 『성서속의 생태학』, 도서출판 황소걸음, 2004.

【4장 _ 지역공동체 금융으로서 신용협동조합 운동 : 가톨릭과 미추홀 신협을 중심으로】 _ 남승균·강인규·이재열

『경남신문』

『경인일보』

『경인일보』, 「[지역 금융 현장을 가다] 부평미추홀 신협」, 2009.07.22.

『공동번역 성서』

『뉴스N제주』

『데일리뉴스』

「원주 협동조합 역사와 영웅」, 무위당 장일순, 이로운넷(https://www.eroun.net), 2019.07.03.

「최교식(신협중앙외 부산경남지역본부장) – 신협의 사회적 역할」, 『경남신문』, 2018.10.01.

「코로나19 위기 속 사회적경제 버팀목 '자리매김'」, 『신아일보』, 신협, 2021.08.12. (http://www.shinailbo.co.kr)

권정택, 「관광을 통한 지역활성화 운동의 태동에 관한 고찰」, 『관광연구』 14, 1999.

김명록·최진배, 한국지역신협의 성장의 특징 지역연구 제32권 제4호, 2016.

김용우, 「협동조합운동과 지역사회 – 원주지역을 중심으로 –」, 원주협동경제네트워크 자료실, 2003.

김진호, 「대안으로서의 사회적금융에 관한 일고찰」, 인천대학교 석사학위 논문, 2013.

김태훈·강철구·윤호, 「시민금융기관의 변화와 인천의 거시경제적 안정성 연구」, 『인천학연구』 33호, 인천대학교 인천학연구원, 2020.

남승균, 「지역경제의 내발적발전과 사회적경제조직에 관한 연구」, 인천대학교 대학원, 2016.

마루야마 시게키, 『시련속의 협동조합운동과 직면한 과제』, 농민과 사회, 1999.

박순석, 「가톨릭교회 공동체 안에서 공유경제 연구와 실천의 필요성」, 평신도, 2016.

볼프강 슈테게만·에케하르트 슈테게만, 『초기 그리스도교의 사회사』, 동연, 2008.

손석조, 「한국 신용협동조합 운동과 천주교회」, 『가톨릭평론』 제19호, 2021.

송동현, 「원주에 사는 즐거움 – 원주 한 살림생활협동조합 풀뿌리운동 현장을 가다」, 희망세상, 2011.

신용협동조합중앙회, 『신협운동 30년사』, 1991.

_____, 『한국신협운동 50년사』, 2011.

신협중앙회조사연구실, 『신협의 설립·변동·소멸 등에 대한 자료조사 보고서』, 2012.

양준호, 「유럽사례로 본 사회적금융」, 인천대사회적경제연구센터 주최 연구토론회 발제문, 2013.

_____, 『사회적기업』, 두남, 2011.

우영우, 「신협에서 희망찾기」, 한국협동조합연구소, 협동조합 네트워크, 2018.

원주협동사회경제네트워크 홈페이지.

유승태, 「공유경제 너머의 공유」, 『가톨릭평론』 제19호, 2021.

유영우, 「신협에서 희망찾기」, 협동조합네트워크, 2018.

유영훈, 「도시빈민을 위한 가톨릭 협동조합운동인 명례방협동조합」, 『한국협동조합연구』 33권 2호, 한국협동조합학회, 2015.

이도식 원주밝음신협 이사장 언론 인터뷰, 「서민금융을 위한 신협의 정신, 50년 동안 쭉 지켜왔습니다.」, 데일리뉴스, 2020.05.13.

이용훈, 「이용훈 주교에게 듣는 신앙과 경제(113) 신협이 만든 기적」, 『가톨릭신문』, 2013.

이일승·주진우, 『협동조합이론과 신협운동』, 신협중앙회연수원, 2012.

이현배, 「지역사회와의 관계금융을 구현하는 벤시티 신용협동조합」, 한국협동조합 연구소, 협동조합네트워크, 2017.

장동영 밝음신협 상임이사 언론 인터뷰 내용.

짐 라츠, 심태영 옮김, 『코디의 일생』, 신협중앙회연수원, 2008.

천주교원주교구의 재해복구사업 및 사회개발사업의추진경과(1973.1–1993.), 1993.

프란치스코 교황, 『복음의 기쁨』, 한국천주교중앙협의회, 2014.

한경호, 「원주지역환경농업과 생활협동조합운동」, 무위당7주기세미나 자료, 2001.

한국가톨릭농민회, 『한국가톨릭농민회30년사(1966~1996): 생명과 해방의 공동체를 위하여』, 1999.

한국천주교중앙협의회, 「특집: 신용협동조합」, 『사목』, 1976년 5월호.

_____, 『교회와 사회(사회교리에 대한 교회문헌)』, 1994.

한국협동조합중앙회, 『한국신협 50년사』, 2011.

허영진, 『뉴스N제주』, 2021.04.30.

호준수, 「현대한국신용협동조합과 가톨릭과의 관계」, 『한국교회사논총(최석우 신부 회갑기념)』, 한국교회사연구소, 1992.

http://blog.naver.com/PostView.nhn?blogId=projustice&logNo=30133502688

http://ecoview.or.kr 에코뷰, 협동조합 40년 원주는 지금. 2013.09.02.

https://blog.daum.net/duaworld/12614530

Nicholls, A., & C. Pharoah, "he Landscape of Social Finance,"Skoll Centre for Social Entrepreneurship, 2007.

Olaf Weber and Sven Remer eds., Social Banks and the Future of Sustainable Finance, New York: Routledge, 2011.

찾아보기

저자 소개

원재연

인천대학교 인천학연구원 연구교수. 서울대학교 인문대학에서 「조선후기 서양인식의 변천과 대외개방론」으로 문학박사 학위를 받았다. 조선후기~근·현대 사상사, 대외관계사, 법제사, 천주교회사 전공. 단독 저서로 『조선왕조의 법과 그리스도교』(2003, 한들출판사), 『서세동점과 조선왕조의 대응』(2003, 한들출판사) 등이 있고, 공저로 『협동과 포용의 살림공동체』(보고사, 2019) 등이 있고, 공동역주 『1756년의 북경이야기 : 이기경의 "읍빙행정역" 역주』(교육과학사, 2016), 공동해제, 『조선시대 서학관련 자료집성』 제2, 4권(한국연구재단 토대연구지원사업총서, 경인문화사, 2020), 단독논문 「해방직후 남한 천주교회의 토지개혁에 대한 인식과 상생의 공동체 사상」 『인문사회21』 11-3(아시아문화학술원, 2020), 「정조대 처사 홍정하의 천주교리서 비판과 천주교 인식 -"성세추요증의"를 중심으로-」 『동국사학』 64집(동국사학회, 2018) 등이 있다.

남승균

인천대학교 인천학연구원 상임연구위원. 인천대학교 경제학박사(2016). 학위논문 「지역경제의 내발적 발전과 사회경제적 조직에 관한 연구」 외에, 공저로 『언론에 비친 인천 산업사 연구 -1946년부터 1980년까지-』(보고사, 2018), 『협동과 포용의 살림공동체』(보고사, 2019), 『골목상권의 힘! - 지역화폐-』(보고사, 2021) 등과 논문 「사회적 경제와 지역의 내발적 발전에 관한 연구」(2015), 「인천 사회적 경제조직의 기업가 역량이 수익성에 미치는 연구 -지역경제 공헌의 조절효과를 중심으로-」(2017, 공저), 「6.15남북공동선언 이후 인천지역 시민사회 평화통일운동 연구」(2020) 등이 있다. 인천대학교 사회적경제연구센터 센터장, 인천대학교, 청운대학교, 경인여대 강사 등 역임. 주요 연구 분야는 지역경제, 내발적발전, 사회적경제, 지역화폐 등.

한상욱

성공회대학교 사회과학연구소 연구위원. 노동사회학 및 철학 전공. 성공회대학교에서 노동사회학으로 사회학 박사학위를 받음. 저서로 『인천교구정의평화운동사』(공저)가 있다.

권창식

인하대학교 경제통상학부를 졸업하고(경제학사, 1996년), 환경 분야에만 19년 활동해온 환경운동가이자 인천시 미추홀구 공무원으로 인천업사이클에코센터를 담당하고 있다. 인천광역시 도시공원위원, 업무평가위원, 산지관리위원 등을 역임하였고, 가톨릭 환경연대 발족에 참여하여 환경연대 사무처장을 역임했고 현재는 정책위원장으로 활동하고 있다. 또한 창조보전연대 대외협력국장과 인천시민사회단체연대 정책위원회 부위원장도 맡고 있다. 인천교구 환경사목위원회와 권창식 등 가톨릭환경연대 활동가들이 함께 펴낸 공저 『하느님을 배우는 학교 - 지구, 환경』(2012)를 비롯하여 「다시 찾은 우리의 벗, 월미산생물도감」(가톨릭환경연대, 2003), 「사순묵상집 '목마른 하느님 - 물'」(천주교환경연대, 2003), 「자원순환과 지속가능한 순환경제를 위하여」(인천업사이클에코센터, 2020)외 다수 여러 편의 환경보고서 및 정책제안 등이 있다.

강인규

미추홀 신용협동조합 전무. 부평구 협동사회경제협의회 감사. 인천대학교 대학원 공공경제학 석사. 주요 논저로 「정부의 상호금융 관련규제와 지역밀착형 금융의 양상에 관한 연구」 등이 있다.

이재열

현 동암 신용협동조합 전무. 전 동남은행, 한성신용정보 등에 근무, 한국경영법무연구소 채권관리전문가과정 수료, 경영지도사, FP(금융자산관리사), (신협)여신심사역, 증권투자상담사. 경매투자분석사, 펀드판매상담사 등의 경력과 자격이 있고, 인천대학교 대학원 지역공공경제학과 경제학 석사. 학위논문 「지속가능한 지역밀착형 금융에 관한 연구」외에 인천지역의 내발적 발전방안에 관한 토론회에서 「지역 내발적발전을 위한 지역금융기관의 역할」 등 다수의 발표문.

도시공동체 연구총서 2

노동, 환경, 서민금융을 통한 살림공동체
인천 가톨릭 사회운동의 현실과 전망

2021년 8월 30일 초판 1쇄 펴냄

기 획 인천대학교 인천학연구원
지은이 원재연·남승균·한상욱·권창식·강인규·이재열
발행인 김흥국
발행처 보고사

책임편집 이소희
표지디자인 손정자

등록 1990년 12월 13일 제6-0429호
주소 경기도 파주시 회동길 337-15 보고사
전화 031-955-9797(대표)
     02-922-5120~1(편집), 02-922-2246(영업)
팩스 02-922-6990
메일 kanapub3@naver.com / bogosabooks@naver.com
http://www.bogosabooks.co.kr

ISBN 979-11-6587-219-9   93330

ⓒ 원재연·남승균·한상욱·권창식·강인규·이재열, 2021

이 저서는 2019년 정부(교육부)의 재원으로 한국연구재단의 지원을 받아
수행된 연구 결과물임(NRF-2019S1A5C2A03082865).